ORDONNANCE
DU ROY,

Portant règlement pour le payement des Troupes de Sa Majesté pendant l'hiver prochain.

Du premier Novembre 1743.

DE PAR LE ROY.

SA MAJESTE voulant régler le traitement qui sera fait à ses troupes, tant françoises qu'étrangères, pendant l'hiver prochain, a ordonné & ordonne ce qui suit.

ARTICLE PREMIER.

QUE les troupes d'Infanterie, Gendarmerie, Cavalerie, *LOGEMENT.* Carabiniers, Hussards & Dragons, qui seront logées chez les habitans des villes & autres lieux, tant de la frontière que de l'intérieur du royaume, n'y auront que le simple couvert, avec des lits garnis de linceuls, place au feu & à la chandelle de l'hôte, suivant sa commodité.

I I.

QUE le fourrage sera fourni aux présens & effectifs *FOURRAGE.* des troupes de la Gendarmerie, Cavalerie, Carabiniers, Hussards & Dragons, pendant l'hiver, dans les lieux où elles seront logées, conformément aux revûes qui en

A

feront faites; la ration devant être compofée de quinze livres de foin & cinq livres de paille, ou de dix-huit livres de foin fans paille, où il n'y en aura point, des deux tiers du boiffeau d'avoine mefure de Paris, dont les vingt-quatre boiffeaux font le feptier de ladite mefure; fçavoir, pour la Gendarmerie, dans chaque compagnie de Gendarmes ou de Chevaux-légers, deux rations à chacun des quatre Maréchaux-des-logis, & une ration à chacun des deux Brigadiers, deux Sous-brigadiers, au Porte-étendard, & chaque Gendarme, Chevau-léger, Trompette & Timbalier: & il fera fourni de plus dix rations par jour à chaque Capitaine-lieutenant des fix compagnies de Chevaux-légers, quatre à chaque Sous-lieutenant, & trois à chacun des deux Cornettes defdites compagnies, les Grands-officiers des compagnies de Gendarmes n'en devant point avoir.

Chevaux-légers.

Pour l'Etat-major de la Gendarmerie, douze rations au Major, huit rations à l'Aide-major, fix au Sous-aide-major, deux rations à chacun des deux Aumôniers, & une au Chirurgien.

E'tat-major.

Pour la Cavalerie, les Carabiniers, Huffards & Dragons, fix rations par jour à chaque Capitaine, quatre au Lieutenant, quatre au Sous-lieutenant qui eft en la compagnie Colonelle du régiment du Colonel-général de la Cavalerie; & pareille quantité de quatre rations à chacun des feconds Lieutenans de la compagnie générale du régiment du Colonel-général des Dragons, & de la compagnie Meftre-de-camp du régiment Meftre-de-camp général auffi des Dragons; trois à chaque Cornette, deux à chaque Maréchal-des-logis, & une à chaque Brigadier, Cavalier, Carabinier, Huffard, Dragon, Trompette, Timbalier, Tambour & Hautbois; fix rations à Monf.t le Prince de Dombes Meftre-de-camp-Lieutenant du régiment Royal-des-Carabiniers; fix à chacun des cinq Meftres-de-camp qui fervent fous lui à la tête des cinq Brigades; pareille quantité de fix rations à chaque Meftre-de-camp de Cavalerie, de Huffards ou de Dragons; quatre à chaque Lieutenant-colonel, outre celles qu'ils doivent recevoir comme Capitaines; huit à chaque Major, quatre à chaque

Cavalerie françoife & étrangère, Carabiniers, Hussards & Dragons.

Aide-major, & une à chaque Aumônier & Chirurgien.

Et en outre pour les régimens Royal-Allemand & Rosen, sçavoir, au régiment Royal-Allemand, deux rations au Maréchal-des-logis du régiment, trois au Prévôt, deux à son Lieutenant, deux au Greffier, & une à chacun des quatre Archers & un Exécuteur de justice.

Et au régiment de Cavalerie allemande de Rosen, une à chacun des Auditeur, Greffier, trois Archers & un Exécuteur de justice.

Les compagnies franches de Dragons recevront le fourrage pour les Officiers & Dragons effectifs, comme les autres compagnies de Dragons.

Les Officiers réformez qui auront ordre de servir à la *Officiers*
suite des régimens de Cavalerie ou de Dragons, recevront *réformez.*
du fourrage pour leurs chevaux, sçavoir, chaque Mestre-
de-camp six rations par jour, chaque Lieutenant-colonel
pareille quantité de six rations, chaque Capitaine quatre,
& chaque Lieutenant réformé de Cavalerie ou de Dragons, deux rations.

Les Officiers réformez à la suite du régiment de Cava- *FILTZJAMES.*
lerie de Filtzjames, auront du fourrage, sçavoir, chaque
Mestre-de-camp neuf rations par jour, chaque Lieutenant-
colonel huit, chaque Capitaine cinq, & chaque Lieutenant trois rations.

L'intention de Sa Majesté est que le fourrage ci-dessus
réglé aux officiers de Cavalerie, de Carabiniers, de Hussards
& de Dragons, ne soit fourni qu'à ceux compris dans les
états qui seront envoyez aux Intendans des généralités,
provinces & places où lesdites troupes seront logées.

Sa Majesté a aussi résolu de faire fournir du fourrage *INFANTERIE.*
aux Officiers de ses troupes d'Infanterie, qui ont servi ou
sont destinées pour servir en campagne, afin de leur donner
moyen d'entretenir leurs équipages ; la ration composée
de douze livres de foin & huit livres de paille, ou de seize
livres de foin sans paille, où il n'y en aura point, & d'un demi-
boisseau d'avoine mesure de Paris, sçavoir, quatre rations
par jour à chaque Capitaine, deux rations à chaque Lieutenant, Sous-lieutenant ou Enseigne ; & pour les Officiers

de chaque Etat-major, six rations par jour au Colonel, trois au Lieutenant-colonel, deux aux Commandans de bataillon qui ne sont point chefs de régiment, outre les rations que lesdits Colonels, Lieutenans-colonels ou Commandans de bataillon recevront comme Capitaines; cinq rations au Major, trois à chaque Aide-major, une au Prévôt, où il y en a, & une à l'Aumônier: desquelles troupes d'Infanterie il sera envoyé des états aux Intendans des généralités, provinces & places où elles seront logées pendant l'hiver.

Officiers réformez.   Il sera aussi fourni du fourrage aux Officiers réformez qui auront ordre de servir à la suite desdits régimens d'Infanterie, compris dans les états ci-dessus, sçavoir, six rations par jour à chaque Colonel, quatre à chaque Lieutenant-colonel, deux à chaque Capitaine, & une à chaque Lieutenant.

Sa Majesté ordonne que lesdites fournitures de fourrages soient régulièrement faites à la Gendarmerie, à la Cavalerie, aux Carabiniers, Hussards & Dragons, & aux Officiers, tant de ces corps que de ceux d'Infanterie, à commencer du jour que les troupes entreront en quartier d'hiver, jusqu'au tems qu'elles se mettront en campagne. A l'égard des régimens en quartier dans les provinces & généralités du royaume, auxquels Sa Majesté a laissé la disposition des fourrages, son intention est qu'après l'expiration des cent cinquante jours du quartier d'hiver, les places de fourrage leur soient payées sans aucun bénéfice.

Veut Sa Majesté qu'il ne soit délivré aucune ration de fourrage aux Officiers d'Infanterie, de Gendarmerie, Cavalerie, Carabiniers, Hussards & Dragons qui ne se trouveront pas présens aux revûes, à moins qu'ils ne soient de semestre, ou n'ayent un congé par écrit de Sa Majesté, contre-signé du Sécrétaire d'état de la guerre : auxquels Officiers absens par semestre, congé, ou ceux qui obtiendront des reliefs, il ne sera fourni que la moitié des fourrages qu'ils auroient s'ils avoient été présens; à l'exception des Colonels, Mestres-de-camp, Lieutenans-colonels en pied ou réformez, & des Majors des régimens, qui

auront

auront leur fourrage en entier lorſqu'ils ſe feront abſentez par congé, ou ſur les reliefs qui feront accordez à ceux qui n'auront pas de congé.

Défend très-expreſſément Sa Majeſté auxdits Officiers, Gendarmes, Chevaux - legers , Cavaliers, Carabiniers, Huſſards & Dragons, d'exiger des Gardes-magaſins & Entrepreneurs de la fourniture de fourrages, une plus grande quantité de rations que celle marquée ci - deſſus; & auxdits Officiers, ſoit de Gendarmerie, ſoit de Cavalerie, de Carabiniers, de Huſſards ou de Dragons, de rien diminuer ſur les rations ci-deſſus ordonnées pour la ſubſiſtance du cheval du Gendarme, Chevau-leger, Cavalier, Carabinier, Huſſard ou Dragon, pour le donner à leurs chevaux, ou pour le convertir en argent; à peine auxdits Officiers d'être caſſez & privez de leurs charges, & aux Gendarmes, Chevaux-legers, Cavaliers, Carabiniers, Huſſards & Dragons, de la vie.

Défend auſſi Sa Majeſté aux Gardes-magaſins & Entrepreneurs, de convertir aucune deſdites rations de fourrage en argent, à moins que leſdits Gardes-magaſins & Entrepreneurs n'en ayent ordre par écrit des Intendans, à peine de la vie; & auxdits Officiers, Gendarmes, Chevaux-legers, Cavaliers, Carabiniers, Huſſards & Dragons, d'entrer avec eux en aucune compoſition là-deſſus, à peine aux Officiers d'être caſſez, & aux Gendarmes, Chevaux-legers, Cavaliers, Carabiniers, Huſſards & Dragons, des galères: Fait en outre Sa Majeſté très-expreſſes défenſes auxdits Officiers, Gendarmes, Chevaux-legers, Cavaliers, Carabiniers, Huſſards & Dragons, de vendre aucun fourrage, & aux habitans des villes & lieux où ils feront logez & des environs, d'en acheter d'eux, ſur les mêmes peines auxdits Officiers d'être caſſez, & aux Gendarmes, Chevaux-legers, Cavaliers, Carabiniers, Huſſards & Dragons, des galères, & ſur peine auxdits habitans de trois cens livres d'amende. Ordonne Sa Majeſté aux Commiſſaires des guerres employez à la police de ſes troupes, de délivrer auxdits Gardes-magaſins ou Entrepreneurs, des extraits des revûes qu'ils en feront,

B

& auxdits Gardes-magaſins & Entrepreneurs de ne fournir le fourrage à chaque compagnie, que ſur le pied qu'ils verront par leſdits extraits qu'elle aura paſſé à la revûe qui en aura été faite, & qu'il n'en ſoit fourni à aucun des Officiers qui ne ſeront point compris pour préſens dans leſdits extraits, ſur leſquels ils compteront des fournitures qu'ils auront faites : ſe conformant à ce qui eſt marqué ci-deſſus pour les Officiers qui ſeront abſens par ſemeſtre, ſur des congez de Sa Majeſté, ou qui obtiendront des reliefs, aux équipages deſquels il ſera fourni du four-rage comme il eſt ci-deſſus ordonné.

I I I.

U S T E N S I L E.

INFANTERIE. Sa Majeſté a reglé que les compagnies d'Infanterie, outre leur ſolde, recevront l'uſtenſile pendant cent cinquante jours du quartier d'hiver, ſur le pied chacune de dix livres par jour, faiſant quinze cens livres pour cent cinquante jours, pour les régimens qui auront l'uſtenſile entier, & de quatre cens cinquante livres au Major ; & ſur le pied de cinq livres par jour à chaque compagnie, faiſant ſept cens cinquante livres pour leſdits cent cinquante jours, pour les régimens qui n'auront que le demi-uſtenſile, & de deux cens vingt-cinq livres au Major : duquel uſtenſile le Lieutenant de la compagnie qui aura quinze cens livres, recevra quatre-vingt-dix livres, le Sous-lieutenant ou Enſeigne ſoixante livres, l'Aide-major du bataillon quinze livres ; le Lieutenant de la compagnie qui n'aura que ſept cens cinquante livres, recevra quarante-cinq livres, le Sous-lieutenant ou Enſeigne trente livres, & l'Aide-major du bataillon ſept livres dix ſols : le reſtant à chaque compagnie ſera payé au Capitaine, pour rendre ſa compagnie compléte en état de bien ſervir, & fournir des tentes à ſes ſoldats pendant la campagne.

Retenue ſur l'Uſtenſile. Comme Sa Majeſté eſtime qu'il conviendra aux Offi-ciers des troupes d'Infanterie françoiſe de ſes armées, de faire conſerver aux Capitaines une partie de leur uſtenſile,

& aux Lieutenans, Sous-lieutenans ou Enseignes, l'uftenfile entier, pour leur être payé par égale portion, sçavoir,
au Capitaine en cinq mois, à commencer du 10. juin
de l'année prochaine, & aux Lieutenans, Sous-lieutenans
& Enseignes en six mois, à commencer du 10. mai; Sa
Majesté ordonne qu'il soit retenu cent cinquante livres à
chaque Capitaine, & ce qui revient dudit uftenfile à chaque Lieutenant, Sous-lieutenant ou Enseigne, pour leur
être ainsi diftribué.

Les Officiers réformez qui ont servi pendant la cam- *Officiers*
pagne derniére à la suite desdits régimens, recevront *réformez.*
l'uftenfile, sçavoir, chaque Colonel réformé deux cens
soixante-dix livres, chaque Lieutenant-colonel cent quatre-
vingt livres, chaque Capitaine quatre-vingt-dix livres, &
chaque Lieutenant réformé trente livres.

Chacune des dix compagnies de Gendarmes E'coffois, *GENDARMERIE.*
Anglois, Bourguignons, de Flandres, de la Reine, de *Dix compagnies*
Monseigneur le Dauphin, de Bretagne, d'Anjou, de Berry *de Gendarmes.*
& d'Orléans, recevra pendant les cent cinquante jours du
quartier d'hiver, quatre-vingt-cinq places d'uftenfile par
jour, lesquelles seront diftribuées (les grands Officiers
n'en devant point avoir) sçavoir, deux places à chacun
des quatre Maréchaux-des-logis qui font en chacune defdites compagnies, les soixante-dix-sept autres places seront
pour les deux Brigadiers, les deux Sous-brigadiers, le
Porte-étendart, les soixante-dix Gendarmes & les deux
Trompettes.

Chacune des six compagnies de Chevaux-legers de la *Six compagnies*
Reine, de Monseigneur le Dauphin, de Bretagne, d'An- *de*
jou, de Berry & d'Orléans, recevra pendant lesdits cent *Chevaux-légers.*
cinquante jours, cent cinq places d'uftenfile par jour, le
Capitaine-lieutenant en ayant dix, le Sous-lieutenant
quatre, chacun des premier & second Cornettes trois,
chacun des quatre Maréchaux-des-logis deux, & les foi-
xante-dix-sept autres places seront pour les deux Brigadiers,
les deux Sous-brigadiers, le Porte-étendart, les soixante-dix
Chevaux-legers, & les deux Trompettes.

Timbaliers. Les huit Timbaliers qui servent dans les compagnies des Gendarmes Ecossois, Anglois, Bourguignons, de Flandres, de la Reine, de Monseigneur le Dauphin, & des Chevaux-legers de la Reine & de Monseigneur le Dauphin, recevront aussi par jour chacun une place d'ustensile pendant lesdits cent cinquante jours.

CAVALERIE & DRAGONS. Chaque compagnie des régimens de Cavalerie, de Carabiniers, Hussards & Dragons, recevra l'ustensile pendant les cent cinquante jours du quartier d'hiver, sur le pied de six places par jour au Capitaine, de quatre places à chaque Lieutenant, quatre places au Sous-lieutenant qui est dans la compagnie colonelle du régiment du Colonel-général de la Cavalerie; pareille quantité à chacun des seconds Lieutenans qui sont dans la compagnie générale du régiment du Colonel général des Dragons, & dans celle de la Mestre-de-camp du régiment Mestre-de-camp général desdits Dragons; trois à chaque Cornette, deux à chaque Maréchal-des-logis, & une à chaque Brigadier, Cavalier, Carabinier, Hussard & Dragon, conformément aux états que Sa Majesté en fera expédier: observant que ces places attribuées aux Cavaliers, Carabiniers, Hussards & Dragons, doivent être remises au Capitaine, pour être employées au rétablissement & entretenement de sa compagnie, & la mettre en état de servir en campagne; à la réserve des cinq écus qui doivent être retenus, pour être distribuez auxdits Cavaliers, Carabiniers, Hussards & Dragons pendant la campagne, ainsi qu'il sera dit ci-après: Et pour chaque Etat-major de Cavalerie, de Carabiniers, Hussards & Dragons, il sera payé six places au Mestre-de-camp, quatre au Lieutenant-colonel, six au Major, quatre à l'Aide-major, & une à chacun des Aumônier & Chirurgien; six places à Mons.ʳ le Prince de Dombes Mestre-de-camp-lieutenant du régiment Royal des Carabiniers, deux au Maréchal-des-logis de l'Etat-major du régiment Royal-

ROYAL-ALLEMAND. allemand, deux au Prévôt, une à son Lieutenant, & une à chacun des Greffier, quatre Archers, un Exécuteur; une à l'Auditeur dans l'Etat-major du régiment de Rosen

Rofen, & une à chacun des Greffier, trois Archers & un *ROSEN.*
Exécuteur.

Les compagnies franches de Dragons recevront l'uften-*Compagnies*
file de même que les compagnies des régimens, confor-*franches de*
Dragons.
mément aux états qui en feront expédiez.

A l'égard des Officiers réformez de Cavalerie, de Cara-*Officiers*
biniers, de Huffards & de Dragons, qui ont ordre de fervir *réformez.*
avec les régimens, & qui y auront fait la campagne der-
nière, Sa Majefté ordonne que l'uftenfile leur foit payé
pendant les cent cinquante jours du quartier d'hiver, fçavoir, fix places par jour à chaque Meftre-de-camp, cinq
à chaque Lieutenant-colonel, quatre à chaque Capitaine,
& deux à chaque Lieutenant.

S O L D E.

SA MAJESTÉ ayant donné fes ordres pour faire remettre
aux Tréforiers généraux de l'Extraordinaire des guerres &
des troupes de fa maifon, les fonds néceffaires pour le
payement des appointemens & folde des Officiers, Soldats,
Gendarmes, Chevaux-légers, Moufquetaires, Cavaliers,
Carabiniers, Huffards & Dragons, Elle entend que le
payement leur en foit fait de dix jours en dix jours, & par
avance, fuivant les ordres particuliers que lefdits Tréforiers
en recevront des Intendans, fur le pied qui enfuit.

ARTICLE PREMIER.

CHACUNE des trois compagnies de Grenadiers du *GARDES-*
régiment des Gardes-françoifes, compofée d'un Capitaine, *FRANÇOISES.*
deux Lieutenans, deux Sous-lieutenans, deux Enfeignes, *Compagnies de*
& cent dix hommes, dont fix Sergens, trois Caporaux, *Grenadiers.*
neuf Anfpeffades, quatre-vingt-huit Grenadiers & quatre
Tambours, fera payée fur le pied de trois cens foixante
livres huit fols par mois au Capitaine, deux cens vingt-
cinq livres feize fols huit deniers à chaque Lieutenant,
cent dix livres huit fols quatre deniers à chaque Sous-lieutenant, foixante-treize livres fix fols huit deniers à chaque
Enfeigne, quarante livres un fol huit deniers à chacun

des cinq premiers Sergens, trente-huit livres quinze sols au sixiéme Sergent, vingt-deux livres cinq sols à chaque Caporal, dix-neuf livres quinze sols à chaque Anspessade & Tambour, seize livres quinze sols à chaque Grenadier; pareilles seize livres quinze sols pour la paye du Major, dix livres quinze sols pour celle du Commissaire; & seize livres quinze sols pour chacune des douze payes de gratification que Sa Majesté accorde au Capitaine, sa compagnie étant complète de cent dix hommes, huit seulement à cent quatre jusqu'à cent neuf, & rien au-dessous dudit nombre de cent quatre hommes.

Compagnies de Fusiliers.   Chacune des trente compagnies de Fusiliers, composée d'un Capitaine, d'un Lieutenant, un Sous-lieutenant, deux Enseignes, & cent cinquante hommes, dont six Sergens, trois Caporaux, neuf Anspessades, cent vingt-huit Fusiliers & quatre Tambours, sera payée sur le pied par mois, de deux cens cinquante-cinq livres au Capitaine, cent soixante-dix livres seize sols huit deniers au Lieutenant, quatre-vingt-cinq livres huit sols quatre deniers au Sous-lieutenant, cinquante-cinq livres à chaque Enseigne, trente-cinq livres dix-huit sols quatre deniers à chacun des quatre premiers Sergens, trente-quatre livres quatre sols deux deniers à chacun des deux autres, dix-huit livres dix-huit sols quatre deniers à chaque Caporal, dix-sept livres cinq sols à chaque Anspessade & Tambour, quatorze livres quinze sols à chaque Fusilier; pareilles quatorze livres quinze sols pour la paye du Major, dix livres quinze sols pour celle du Commissaire; & pareilles dix livres quinze sols pour chacune des quinze payes de gratification que Sa Majesté accorde au Capitaine, sa compagnie étant complète de cent cinquante hommes; quatorze de cent quarante-cinq à cent quarante-neuf; douze de cent trente à cent quarante-quatre inclusivement, & rien au-dessous dudit nombre de cent trente hommes: il sera de plus payé au Capitaine trente sols par jour, pour appointer les trente meilleurs Soldats de sa compagnie.

Etat-major.   A l'égard des Officiers de l'Etat-major dudit régiment, ils continueront d'être payez de leurs appointemens fuivant les états que Sa Majefté en fera expédier.

I I.

CHACUNE des douze compagnies du régiment des Gardes-fuiffes, compofée de deux cens hommes, les officiers compris, fera payée à raifon de vingt livres fix fols par mois pour chaque homme & pour chacune des vingt-fept payes de gratification que Sa Majefté accorde au Capitaine, lorfque fa compagnie fe trouve du nombre de cent foixante-quinze & au-deffus jufqu'à celui de deux cens: Sa Majefté trouve bon auffi de faire payer au Capitaine la fomme de cent quarante-deux livres deux fols par mois, pour appointer les Porte-oufils, & les plus anciens & plus apparens Soldats de fa compagnie. Au moyen de quoi ledit Capitaine doit avoir & entretenir un Lieutenant, à raifon de cent cinquante livres par mois, un fecond Lieutenant à cent vingt livres, un Sous-lieutenant à quatre-vingt-dix livres, un Enfeigne à foixante-quinze livres, deux Sergens à trente-cinq livres chacun, trois autres à trente livres, & trois autres à vingt-cinq livres, un Chirurgien à trente livres, quatre Trabans, cinq Tambours, un Fifre, fix Caporaux, fix Appointez, & cent foixante-quatre Soldats: Sa Majefté a auffi réglé qu'outre les Officiers cy-deffus, les Capitaines qui auront des régimens, feront tenus d'avoir un Capitaine-lieutenant pour commander leur compagnie, qu'ils payeront à raifon de deux cens livres par mois.

GARDES-
SUISSES.
Compagnies.

Les Officiers de l'Etat-major, & ceux de la Compagnie générale dudit régiment des Gardes-fuiffes, continueront à être payez fuivant les états & ordres que Sa Majefté fera expédier.

E'tat-major
du régiment, &
Officiers de la
Compagnie
Générale.

I I I.

INFANTERIE FRANÇOISE.

A l'égard des troupes d'Infanterie françoife, y compris le régiment des Gardes de Lorraine, chaque bataillon compofé de dix-fept compagnies, dont une de Grenadiers de quarante-cinq hommes, & feize de Fufiliers de quarante hommes chacune, sera payée; sçavoir, celle de Grenadiers, sur le pied de quatre livres six deniers par jour au Capitaine, trente-quatre sols dix deniers au Lieutenant, y compris deux sols dix deniers de supplément; vingt sols au Sous-lieutenant, douze sols à chacun des deux Sergens, huit sols six deniers à chacun des trois Caporaux, sept sols six deniers à chacun des trois Anspessades, six sols six deniers à chacun des trente-six Grenadiers & un Tambour; & six sols six deniers pour chacune des trois payes de gratification que le Capitaine doit recevoir, sa compagnie étant à quarante-quatre & quarante-cinq hommes; deux desdites payes, la compagnie étant à quarante-un, quarante-deux & quarante-trois, une seulement lorsqu'elle ne sera qu'à quarante, & rien au-dessous dudit nombre.

Le Capitaine de Grenadiers, au moyen du traitement ci-dessus, payera vingt-cinq livres de chaque Soldat qui sera tiré dans le régiment pour entrer dans sa compagnie.

Chacune des seize compagnies de Fusiliers sera payée sur le pied par jour de trois livres six sols huit deniers au Capitaine, y compris seize sols huit deniers de supplément; vingt-deux sols dix deniers au Lieutenant, y compris deux sols dix deniers de supplément; onze sols à chacun des deux Sergens, sept sols six deniers à chacun des trois Caporaux, six sols six deniers à chacun des trois Anspessades; cinq sols six deniers à chacun des trente-un Fusiliers & un Tambour. Le Capitaine, outre l'appointement ci-dessus, recevra trois payes de gratification, de cinq sols six deniers chacune, lorsque sa compagnie se trouvera de trente-neuf & de quarante hommes; deux desdites payes lorsqu'elle sera à trente-six, trente-sept & trente-huit, une seulement à trente-cinq, n'en pouvant prétendre aucune, sa compagnie étant au-dessous dudit nombre de trente-cinq hommes.

Les cinq hommes surnuméraires que Sa Majesté a bien voulu par son ordonnance du 7. septembre 1741. entretenir au de-là du complet en chacune des soixante-huit compagnies de son régiment d'Infanterie, sans tirer à conséquence conféquence pour les autres régimens, continueront à recevoir leur folde fur le pied de fix fols fix deniers par jour à chaque Grenadier, & de cinq fols fix deniers à chaque Fufilier qui fera préfent aux revûes des Commif-faires des guerres, jufqu'audit nombre de cinq par compa-gnie; fans que cela produife aucune augmentation dans les hautes payes, ni dans les payes de gratification defdites compagnies.

L'Enfeigne qui eft en chacune des compagnies Colo-nelle & Lieutenante-colonelle, le Lieutenant en fecond qui eft confervé dans la troifiéme compagnie de Fufiliers des bataillons Colonels, & les trois Lieutenans en fecond auffi confervez dans les trois premières compagnies de Fufiliers des fecond, troifième & quatrième bataillons, fur le pied d'un dans chacune defdites trois premières com-pagnies, feront payez, fçavoir, chaque Enfeigne, fur le pied par jour de dix-fept fols dix deniers, y compris deux fols dix deniers de fupplément; & chaque Lieutenant en fecond, fur celui de treize fols quatre deniers auffi par jour. *Enfeignes & Lieutenans en fecond, confer-vez avec appoin-temens.*

Les Officiers de l'Etat-major de chaque régiment d'In-fanterie françoife, y compris ceux où il y a Prévôté, feront payez fur le pied de trente-trois fols quatre deniers par jour au Colonel, quarante-cinq fols au Lieutenant-colonel, y compris vingt-cinq fols de fupplément, outre leurs ap-pointemens de Capitaine; trois livres fix fols huit deniers au Major, y compris feize fols huit deniers de fupplément; trente-fix fols deux deniers à l'Aide-major, y compris deux fols dix deniers de fupplément; vingt fols au Maréchal-des-logis, & dix fols à chacun des Aumônier & Chirurgien. *Etat-major.*

Les Officiers de la Prévôté qui eft en chacun des régi-mens de Picardie, Champagne, Navarre, Piedmont, Normandie, la Marine, Rohan, Bourbonnois, Auver-gne, Monaco, Bouzols, du Roi, Royal, Lyonnois, Dauphin, Anjou, Eu, la Reine, Royal-des-Vaiffeaux, Orléans, la Couronne, Artois, Royal-Rouffillon, Condé, Bourbon, Royal-la-Marine, Royal-Comtois, Biron, Nice, Penthiévre, Chartres, Conty, Enghien & Gardes de *Prévôté en trente-quatre régimens.*

Lorraine, feront payez sur le pied par jour de vingt-six sols huit deniers au Prévôt, treize sols quatre deniers à son Lieutenant, huit sols quatre deniers au Greffier, & cinq sols à chacun des cinq Archers & à l'Exécuteur de justice.

Commandant & Aide-major de bataillon.

Le Commandant de bataillon qui n'est point chef de régiment, aura trente-six sols huit deniers par jour, dont seize sols huit deniers de supplément, outre ses appointemens de Capitaine; & l'Aide-major de chacun desdits bataillons, même le cinquième qui est dans le premier bataillon du régiment du Roi, recevra trente-six sols deux deniers, aussi par jour, y compris deux sols dix deniers de supplément : Voulant Sa Majesté que l'augmentation ci-dessus mentionnée, continue d'être payée ainsi qu'il est réglé par l'ordonnance du 20. Avril 1722.

Officiers réformez, à la suite des régimens.

Les Capitaines & Lieutenans réformez d'Infanterie, auxquels, en conformité de l'ordonnance du 25. Juin 1725. Sa Majesté a fait expédier ses ordres signez du Sécrétaire d'état de la guerre, pour servir à la suite des régimens, seront payez en passant présens aux revûes, sur le pied de trente-sept livres dix sols par mois à chaque Capitaine, & vingt livres à chaque Lieutenant.

Masse.

Outre la solde ci-dessus réglée pour les Sergens, Caporaux, Anspessades, Grenadiers, Soldats & Tambours, qui leur fera payée sans aucune retenue, au moyen de quoi ils doivent s'entretenir de linge & de chaussure, il sera donné vingt deniers par jour pour chaque Sergent, & dix deniers pour chacun des autres, même des trois cens quarante Soldats surnuméraires que Sa Majesté a bien voulu entretenir dans son régiment d'Infanterie, qui formeront une masse toûjours complète pour chaque bataillon, sans avoir égard aux hommes qui pourroient manquer dans les compagnies; laquelle demeurera entre les mains du Trésorier, qui en donnera sa reconnoissance à la fin de chaque mois, au Major ou Officier chargé du détail du régiment, pour être ladite masse employée à l'habillement desdits régimens ou bataillons, & remise sur la main-levée des Directeurs ou Inspecteurs généraux, ainsi que par le passé.

Sa Majesté voulant confirmer le traitement qu'Elle a réglé au sieur de Moncamp par son ordonnance particulière du 25. décembre 1740. Elle ordonne qu'outre les appointemens de Capitaine de la compagnie qu'il commande dans le régiment des Gardes de Lorraine, il reçoive ceux de Colonel, & qu'il en soit payé sur le pied de trente-trois sols quatre deniers par jour, en passant présent aux revûes des Commissaires des guerres. *Traitement du Sr de Moncamp.*

Les huit compagnies de chacun des cinq bataillons du régiment Royal-Artillerie, composées de cent hommes chacune, seront payées sur le pied par jour, sçavoir, celles de Sappeurs, composées chacune du Capitaine en pied, d'un Capitaine en second, d'un premier Lieutenant, d'un Lieutenant en second, deux Sous-lieutenans, deux Cadets, quatre Sergens, deux Tambours, quatre Caporaux, quatre Anspessades & quatre-vingt-quatre Sappeurs, & payées par jour, sçavoir, sept livres un sol au Capitaine en pied, trois livres au Capitaine en second, cinquante sols au premier Lieutenant, quarante sols au Lieutenant en second, trente sols à chacun des deux Sous-lieutenans, douze sols à chacun des deux Cadets, vingt sols six deniers à chacun des quatre Sergens, quatorze sols six deniers à chacun des quatre Caporaux, onze sols six deniers à chacun des quatre Anspessades, neuf sols six deniers à chacun de dix-huit des quatre-vingt-quatre Sappeurs, sept sols à chacun des soixante-six autres Sappeurs, & neuf sols six deniers à chacun des deux Tambours. Il sera accordé en outre sept sols pour chacune des dix payes de gratification que Sa Majesté accorde au Capitaine, sur le pied des gradations portées ci-après pour les compagnies de Canonniers & de Bombardiers. *ROYAL-ARTILLERIE. Compagnies de Sappeurs.*

Les cinq compagnies de Canonniers de chaque bataillon, seront composées chacune d'un Capitaine en pied, d'un Capitaine en second, d'un premier Lieutenant, un Lieutenant en second, deux Sous-lieutenans, deux Cadets, quatre Sergens, deux Tambours, quatre Caporaux, quatre Anspessades & quatre-vingt-quatre Canonniers, & payées *Compagnies de Canonniers.*

par jour, sçavoir, sept livres un sol au Capitaine en pied, trois livres au Capitaine en second, cinquante sols au premier Lieutenant, quarante sols au Lieutenant en second, trente sols à chacun des deux Sous-lieutenans, douze sols à chacun des deux Cadets, vingt sols six deniers à chacun des quatre Sergens, quatorze sols six deniers à chacun des quatre Caporaux, onze sols six deniers à chacun des quatre Anspessades, neuf sols six deniers à chacun de dix-huit des quatre-vingt-quatre Canonniers, sept sols à chacun de dix-huit autres, & six sols à chacun des quarante-huit Canonniers restans, & neuf sols six deniers à chacun des deux Tambours: il sera accordé de plus six sols pour chacune des dix payes de gratification, sur le pied des gradations portées par l'article ci-après.

Compagnies de Bombardiers.

Les deux compagnies de Bombardiers de chaque bataillon, seront composées chacune d'un Capitaine en pied, un Capitaine en second, un premier Lieutenant, un Lieutenant en second, deux Sous-lieutenans, deux Cadets, quatre Sergens, deux Tambours, quatre Caporaux, quatre Anspessades, seize Artificiers-Bombardiers, & soixante-huit Bombardiers, & payées par jour, sçavoir, sept livres un sol au Capitaine en pied, trois livres au Capitaine en second, cinquante sols au premier Lieutenant, quarante sols au Lieutenant en second, trente sols à chacun des deux Sous-lieutenans, douze sols à chacun des deux Cadets, vingt sols six deniers à chacun des quatre Sergens, quatorze sols six deniers à chacun des quatre Caporaux, onze sols six deniers à chacun des quatre Anspessades, quinze sols à chacun de quatre des seize Artificiers-Bombardiers, douze sols à chacun des six autres, & dix sols aussi à chacun des six autres Artificiers-Bombardiers : entendant Sa Majesté que l'augmentation de paye soit donnée seulement à ceux d'entr'eux qui se distingueront par leur zèle & capacité dans leur métier, & non à la simple ancienneté du service; neuf sols six deniers à chacun de douze des soixante-huit Bombardiers, sept sols à chacun de douze autres, & six sols à chacun des quarante-quatre Bombardiers restans,

reſtans, & neuf ſols ſix deniers à chacun des deux Tambours : il ſera accordé de plus ſix ſols pour chacune des dix payes de gratification que Sa Majeſté accorde au Capitaine de chaque compagnie de Canonniers & de Bombardiers, ſa compagnie étant de quatre-vingt-quinze hommes juſqu'à cent, huit deſdites payes de quatre-vingt-dix à quatre-vingt-quatorze, ſix de quatre-vingt-cinq à quatre-vingt-neuf, quatre de quatre-vingt à quatre-vingt-quatre, deux de ſoixante-quinze à ſoixante-dix-neuf, & une ſeulement de ſoixante-dix à ſoixante-quatorze, le Capitaine n'en pouvant prétendre aucune, ſa compagnie étant au-deſſous dudit nombre de ſoixante-dix hommes.

E'tat-major. L'E'tat-major de chacun deſdits bataillons, ſera payé à raiſon de ſix livres deux ſols deux deniers au Lieutenant-colonel, outre ſes appointemens de Capitaine ; neuf livres trois ſols trois deniers au Major, ſix livres deux ſols deux deniers à l'Aide-major, & dix ſols à chacun des Aumônier & Chirurgien.

Il ſera payé cinq livres par jour au Colonel-lieutenant dudit régiment, ſçavoir, cinquante-cinq ſols pour ſes appointemens en ladite qualité, & quarante-cinq ſols pour lui tenir lieu de la Prévôté que Sa Majeſté a jugé à propos de ſupprimer, ainſi que le Maréchal-des-logis, pour lequel traitement il ſera expédié des ordonnances particulières payables à Paris.

Mineurs. Chacune des cinq compagnies de Mineurs, qui doivent ſervir ſéparément ou avec leſdits bataillons, compoſée de cinquante hommes, ſera payée ſur le pied par jour de ſix livres cinq ſols au Capitaine, de cinquante ſols au premier Lieutenant, quarante ſols au ſecond Lieutenant, trente ſols à chacun des deux Sous-lieutenans, vingt ſols ſix deniers à chacun des trois Sergens, quatorze ſols ſix deniers à chacun des trois Caporaux, onze ſols ſix deniers à chacun des trois Anſpeſſades, douze ſols à chacun des deux Cadets, dix ſols ſix deniers à chacun des ſeize Mineurs, ſept ſols à chacun des vingt-deux Apprentifs, neuf ſols ſix deniers au Tambour ; & de ſept ſols pour chacune des cinq payes de gratification que Sa Majeſté accorde au Capitaine, lorſque ſa compagnie ſera de quarante-ſept hommes & au-deſſus, juſqu'au complet de cinquante; quatre à quarante-cinq & quarante-ſix, trois à quarante-trois & quarante-quatre, deux à quarante-un & quarante-deux, une ſeulement à quarante, & rien au-deſſous.

Ouvriers. Chacune des cinq compagnies d'Ouvriers, compoſée de quarante hommes, qui doivent auſſi ſervir avec leſdits bataillons, ou ſéparément, ſera payée ſur le pied par jour de ſix livres au Capitaine, quarante ſols au Lieutenant, trente-cinq ſols au ſecond Lieutenant, vingt ſols à chacun des trois Maîtres-ouvriers, dix-huit ſols à chacun des trois Sous-maîtres-ouvriers, quinze ſols à chacun des ſeize Ouvriers, douze ſols à chacun des neuf autres, dix ſols à chacun des huit Apprentifs & un Tambour; & dix ſols pour chacune des quatre payes de gratification que Sa Majeſté accorde au Capitaine, ſa compagnie étant à trente-huit hommes & au-deſſus juſqu'au complet de quarante; trois à trente-ſix & trente-ſept, deux à trente-quatre & trente-cinq, & une ſeulement à trente-trois; ſans que le Capitaine en puiſſe prétendre aucune, ſa compagnie étant au-deſſous dudit nombre de trente-trois.

Appointemens & ſolde conſervez à quatre Cadets ou Mineurs. Sa Majeſté voulant continuer au ſieur de Lorme, aux Cadets & aux Mineurs entretenus dans le bataillon de la Borie, ou dans les compagnies de Mineurs, les mêmes appointemens & ſolde qu'ils avoient dans les compagnies de Deſtouches & de la Roche du régiment de Bombardiers, & dans celles de Mineurs de Valiere, Dabin, Voilain & de de Lorme, juſqu'à ce qu'ils parviennent à d'autres grades équivalens; ſon intention eſt qu'au lieu de quatorze ſols ſix deniers ci-deſſus ordonnez pour les Caporaux, douze ſols à chaque Cadet, dix ſols ſix deniers à chaque Mineur, & neuf ſols ſix deniers à chaque Bombardier, il ſoit payé, ſçavoir, vingt ſols au nommé Dauphiné Caporal dans la compagnie de Mineurs de Turmel, pareils vingt ſols au nommé Dominique, quinze ſols au nommé Gremieux, entretenus Mineurs dans la compagnie d'Antoniazy; & pareils quinze ſols au nommé la Baſtide de la compagnie de de Lorme.

Outre la folde cy-deffus réglée, il fera payé, ainfi que dans les autres régimens d'Infanterie françoife, vingt deniers par jour pour chaque Sergent, & chacun des trois Maiftres-ouvriers dans les compagnies d'Ouvriers, & dix deniers pour chaque Caporal, Anfpeffade, Canonnier, Bombardier, Sappeur, Mineur, Sous-maître-ouvrier, Ouvrier, Apprentif, Cadet, Fufilier & Tambour, qui formeront une maffe toûjours complète, laquelle fera délivrée fur la main-levée du Directeur général des écoles d'artillerie, & employée à l'habillement defdits bataillons & compagnies.

Maffe du régiment Royal-Artillerie, & des compagnies de Mineurs & d'Ouvriers.

La compagnie de Dreux, qui eft aux Ifles Sainte-Marguerite & S. Honorat, compofée d'un Capitaine, deux Lieutenans, deux Sergens, un Caporal, un Anfpeffade, trente Soldats & un Tambour, fera payée fur le pied par jour de quatorze livres trois fols quatre deniers au Capitaine, y compris onze livres cinq fols d'augmentation; trois livres trois fols quatre deniers à chacun des deux Lieutenans, y compris trente-trois fols quatre deniers d'augmentation; douze fols à chacun des deux Sergens, huit fols au Caporal, fept fols à l'Anfpeffade, fix fols à chacun des trente Soldats & au Tambour; & le Chapelain qui eft avec ladite compagnie, recevra feize fols huit deniers par jour.

COMPAGNIE de DREUX.

Les compagnies de Bock, Sertel, Galhau, Duchemin, Pauly, la Harte, la Croix, Jacob & Dulimont, compofées de cent cinquante hommes chacune, feront payées fur le pied par jour de fept livres dix fols au Capitaine en pied, trente fols au Capitaine réformé, vingt-fept fols huit deniers à chacun des Lieutenans en premier & en fecond, feize fols huit deniers à chacun des cinq Lieutenans réformez, onze fols à chacun des fix Sergens, neuf fols fix deniers à chacun des neuf Caporaux, fept fols fix deniers à chacun des neuf Anfpeffades, & cinq fols fix deniers à chacun des cent vingt-trois Fufiliers & trois Tambours: le Capitaine recevra en outre huit payes de gratification, lorfque fa compagnie fe trouvera à cent quarante-quatre hommes & au-deffus, jufqu'au complet de cent cinquante; fix à cent quarante, cent quarante-un, cent quarante-deux & cent quarante-trois; quatre à cent trente-fept, cent

*COMPAGNIES FRANCHES d'Infanterie.
Partifans.
Compagnies.*

trente-huit & cent trente-neuf; deux à cent trente-cinq & cent trente-six, & rien au-deſſous dudit nombre de cent trente-cinq.

Compagnie de Vandal.

La compagnie de Vandal, compoſée de cent Fuſiliers, ſera payée ſur le pied par jour de cinq livres au Capitaine en pied, trente ſols au Capitaine réformé, vingt-ſept ſols huit deniers à chacun des Lieutenans en premier & en ſecond, ſeize ſols huit deniers à chacun des quatre Lieutenans réformez, onze ſols à chacun des quatre Sergens, neuf ſols ſix deniers à chacun des ſix Caporaux, ſept ſols ſix deniers à chacun des ſix Anſpeſſades, & cinq ſols ſix deniers à chacun des quatre-vingt-deux Fuſiliers & deux Tambours : le Capitaine recevra en outre ſix payes de gratification, ſa compagnie étant compoſée de quatre-vingt-quinze hommes & au-deſſus, juſqu'au complet de cent hommes, quatre deſdites payes à quatre-vingt-dix juſqu'à quatre-vingt-quatorze, deux ſeulement à quatre-vingt juſqu'à quatre-vingt-neuf, & rien au-deſſous dudit nombre de quatre-vingt.

Compagnies franches de Proviſy, Maſſanne, du Bayet, & ci-devant Bidache.

Les compagnies de Proviſy, Maſſanne, du Bayet & celle ci-devant de Bidache, de cent hommes chacune, levées par ordonnance du 26. décembre 1742. compoſées du Capitaine en pied, d'un Capitaine réformé, deux Lieutenans en pied, deux Lieutenans réformez, quatre Sergens, ſix Caporaux, ſix Anſpeſſades, & de quatre-vingt-quatre Fuſiliers, compris deux Tambours, feront payées ſur le pied par jour de cinq livres au Capitaine en pied, trente ſols au Capitaine réformé, vingt-ſept ſols huit deniers à chacun des deux Lieutenans, ſeize ſols huit deniers à chacun des deux Lieutenans réformez, onze ſols à chacun des quatre Sergens, neuf ſols ſix deniers à chacun des ſix Caporaux, ſept ſols ſix deniers à chacun des ſix Anſpeſſades, & cinq ſols ſix deniers à chacun des quatre-vingt-deux Fuſiliers & deux Tambours : le Capitaine recevra en outre ſix payes de gratification de cinq ſols ſix deniers chacune, ſa compagnie étant compoſée de quatre-vingt-quinze hommes & au deſſus juſqu'à cent, les Officiers non compris; quatre deſdites payes

depuis

depuis quatre-vingt-dix jufqu'à quatre-vingt-quatorze; deux feulement depuis quatre-vingt jufqu'à quatre-vingt-neuf, & rien au deffous dudit nombre de quatre-vingt.

La compagnie de Damien de cinquante hommes, levée par ordonnance particulière du premier feptembre 1743. compofée du Capitaine, un Lieutenant, deux Sergens, trois Caporaux, trois Anfpeffades, quarante-un Fufiliers & un Tambour, fera payée fur le pied par jour de quatre livres au Capitaine, vingt-fept fols huit deniers au Lieutenant, onze fols à chacun des deux Sergens, neuf fols fix deniers à chacun des trois Caporaux, fept fols fix deniers à chacun des trois Anfpeffades, & cinq fols fix deniers à chacun des quarante-un Fufiliers & un Tambour : le Capitaine recevra en outre trois payes de gratification de cinq fols fix deniers chacune, fa compagnie étant compofée de quarante-neuf à cinquante hommes; deux defdites payes lorfqu'elle fera de quarante-fix, quarante-fept & quarante-huit, une feulement à quarante-cinq, & rien au deffous dudit nombre.

Compagnie de Damien.

La compagnie de Bruck, compofée de cinquante Fufiliers-guides, fera payée fur le pied par jour de quatre livres au Capitaine, vingt-fept fols huit deniers au Lieutenant en pied, feize fols huit deniers au Lieutenant réformé, treize fols à chacun des deux Sergens, dix fols fix deniers à chacun des trois Caporaux, huit fols fix deniers à chacun des trois Anfpeffades, & fix fols fix deniers à chacun des quarante-un Fufiliers-guides & un Tambour : le Capitaine recevra en outre trois payes de gratification, de fix fols fix deniers chacune, fa compagnie étant compofée de quarante-neuf & cinquante hommes; deux lorfqu'elle fera de quarante-fix, quarante-fept & quarante-huit, une feulement à quarante-cinq, & rien au-deffous dudit nombre.

Compagnie de Bruck.

A l'égard des Officiers réformez entretenus à la fuite defdites compagnies franches, ils feront payez, fçavoir, chaque Capitaine réformé fur le pied de quarante-cinq livres par mois, & les Lieutenans réformez de vingt-cinq

Officiers réformez attachez à la fuite des compagnies franches d'Infanterie.

livres auffi par mois, en paffant préfens aux revûes des Commiffaires ordinaires des guerres.

Maffe des compagnies franches d'Infanterie.

Outre la folde ci-deffus, il fera payé vingt deniers par jour pour chaque Sergent, & dix deniers pour chaque Soldat, Fufilier-guide & Tambour, qui compoferont une maffe toûjours compléte, deftinée à l'habillement defdites compagnies, laquelle fera délivrée fur la main-levée du Directeur ou Infpecteur général de l'Infanterie.

INVALIDES.

Les compagnies détachées de l'Hôtel royal des Invalides, de foixante hommes chacune, feront payées, à la réferve de celles dont il fera parlé cy-après, fur le pied par jour de cinquante fols au Capitaine, de vingt fols à chaque Lieutenant, dix fols à chacun des trois Sergens, fept fols à chacun des trois Caporaux, fix fols à chacun des trois Anfpeffades, & cinq fols à chacun des cinquante Soldats & un Tambour : s'il fe trouve des furnuméraires dans lefdites compagnies, les Commiffaires des guerres les comprendront dans leurs revûes, & ils continueront d'être payez comme il a été réglé par l'Ordonnance du 22. juin 1737. de cinq fols de folde par jour.

Compagnie de Dupuy.

La compagnie de Dupuy, de quatre-vingts hommes, recevra le même traitement porté ci-deffus pour les compagnies dudit Hôtel, de foixante hommes, & les vingt hommes d'augmentation feront payez fur le pied de cinq fols chacun par jour.

Compagnie de Saint-Julien.

La compagnie de Saint-Julien, en garnifon au château de Dijon, qui a été portée jufqu'à cent hommes par ordonnance particulière du 15. Octobre 1740. fera payée fur le pied par jour de cinquante fols au Capitaine, de vingt fols à chacun des cinq Lieutenans, dix fols à chacun des trois Sergens, fept fols à chacun des trois Caporaux, fix fols à chacun des trois Anfpeffades, & cinq fols à chacun des quatre-vingt-onze Fufiliers, compris les Tambours.

Compagnie de Jacquet.

La compagnie de Jacquet, de foixante-dix hommes, fera payée à raifon de cinquante fols par jour au Capitaine, pareils cinquante fols au Capitaine en fecond, vingt fols à chaque Lieutenant, douze fols à chacun des trois Sergens;

neuf fols à chacun des trois Caporaux, huit fols à chacun des trois Anfpeffades, & fept fols à chacun des foixante Fufiliers & un Tambour.

Les compagnies de Chazal & de Beaufoleil, de bas-Officiers, de cent cinquante hommes chacune, feront payées fur le pied par jour de cinquante fols au Capitaine, pareils cinquante fols au Capitaine en fecond, vingt fols à chacun des fix Lieutenans, douze fols à chacun des fix Sergens, neuf fols à chacun des fix Caporaux, huit fols à chacun des fix Anfpeffades, & fept fols à chacun des cent trente Fufiliers & deux Tambours.

Compagnies de bas-Officiers, de Chazal & de Beaufoleil.

Les compagnies d'Autanne, Bruchet & Lauriffe, auffi de bas-Officiers, qui fervent à Luneville à la garde à pied du Roy de Pologne, compofées chacune de cent quarante hommes, feront payées fur le pied par jour de trois livres au Capitaine, trente fols à chacun des trois Lieutenans, douze fols à chacun des fix Sergens, neuf fols à chacun des fix Caporaux, huit fols à chacun des fix Anfpeffades, & fept fols à chacun des cent dix-huit Fufiliers & quatre Tambours; & le fieur Vaillant Aide-major, chargé du détail defdites compagnies, fera payé fur le pied de trois livres auffi par jour.

Compagnies de bas-Officiers, de d'Autanne, Bruchet & Lauriffe.

La compagnie de Dornet, auffi de bas-Officiers, fervant à la citadelle de Challon-fur-Saône, compofée de foixante-dix hommes, fera payée fur le pied par jour de cinquante fols au Capitaine, vingt fols à chacun des deux Lieutenans, douze fols à chacun des trois Sergens, neuf fols à chacun des trois Caporaux, huit fols à chacun des trois Anfpef-fades, & fept fols à chacun des foixante-un Fufiliers, compris un Tambour.

Compagnie de bas-Officiers de Dornet.

La compagnie de bas-Officiers de d'Apremont, fervant dans la Principauté de Porentruy, compofée de quatre-vingts hommes, fera payée fur le pied par jour de cin-quante fols au Capitaine, vingt fols à chacun des quatre Lieutenans, douze fols à chacun des quatre Sergens, neuf fols à chacun des quatre Caporaux, huit fols à chacun des quatre Anfpeffades, & fept fols à chacun des foixante-huit Fufiliers, compris un Tambour.

Compagnies de bas-Officiers de d'Apremont.

<table>
<tr><td>Compagnie
de Merciére.</td><td>

La compagnie de Merciére, en garnifon à l'Orient, compofée de cent hommes, fera payée fur le pied par jour de cinquante fols au Capitaine, vingt fols à chacun des cinq Lieutenans, dix fols à chacun des quatre Sergens, fept fols à chacun des quatre Caporaux, fix fols à chacun des quatre Anfpeffades, & cinq fols à chacun des quatre-vingt-huit Fufiliers, compris les Tambours.</td></tr>

<tr><td>MILICES.</td><td>

Les bataillons de Milice levez dans les provinces du Royaume, compofez chacun de douze compagnies, feront payez tant qu'ils ferviront dans les places de guerre ou fur les frontières, fur le pied, fçavoir, chaque compagnie, de trois livres par jour au Capitaine, vingt fols au Lieutenant, onze fols à chacun des deux Sergens, fept fols fix deniers à chacun des trois Caporaux, fix fols fix deniers à chacun des trois Anfpeffades, cinq fols fix deniers à chaque Fufilier, & fept fols fix deniers au Tambour.</td></tr>

<tr><td>Commandans
& Aide-majors
de bataillons.</td><td>

Il fera payé, auffi par jour, trente fols au Lieutenant-Colonel, & où il n'y en aura pas, au Capitaine-Commandant de chaque bataillon, outre fes appointemens de Capitaine, & quarante-cinq fols à l'Aide-major.</td></tr>

<tr><td>Retenue fur la
folde, pour linge
& chauffure des
Milices.</td><td>

Veut Sa Majefté qu'il foit retenu fur la folde, un fol par jour à chaque Sergent, & fix deniers à chaque Caporal, Anfpeffade, Fufilier & Tambour, pour faire une maffe qui fera remife entre les mains de l'Aide-major, pour leur être délivrée & employée par les foins des Commiffaires des guerres, à les fournir de linge & de chauffure.</td></tr>

<tr><td>MILICES DE
LORRAINE.</td><td>

Chacun des neuf bataillons des trois régimens de Milice levez dans les Duchés de Lorraine & de Bar, compofé de douze compagnies de cinquante hommes, fera payé tant qu'il fervira dans les places de guerre ou fur les frontiéres, fur le pied par jour de trois livres au Capitaine</td></tr>

<tr><td>Compagnies.</td><td>

de chacune defdites compagnies, vingt fols au Lieutenant, onze fols à chacun des deux Sergens, fept fols fix deniers à chacun des trois Caporaux, fix fols fix deniers à chacun des trois Anfpeffades, cinq fols fix deniers à chacun des quarante-un Fufiliers, & fept fols fix deniers au Tambour.</td></tr>
</table>

Les

Les Officiers de l'Etat-major de chacun defdits trois *Etat-major.* régimens, feront payez fur le pied par jour de quarante fols au Colonel, trente fols à chaque Commandant de bataillon, outre leurs appointemens de Capitaine, trois livres à chaque Major, & quarante-cinq fols à chaque Aide-major.

Les régimens de troupes Boulonnoifes, compofez cha- *TROUPES* cun de treize compagnies, feront payez pendant qu'ils *BOULON-* ferviront dans les places, fçavoir, la compagnie de Grena- *NOISES.* diers de quarante-cinq hommes, fur le pied par jour de *Compagnie de* quatre livres fix deniers au Capitaine, trente-quatre fols *Grenadiers.* dix deniers au Lieutenant, douze fols à chacun des deux Sergens, huit fols fix deniers à chacun des trois Caporaux, fept fols fix deniers à chacun des trois Anfpeffades, fix fols fix deniers à chacun des trente-fix Grenadiers & au Tambour; & fix fols fix deniers pour chacune des trois payes de gratification que le Capitaine doit recevoir, fa compagnie étant de quarante-cinq & quarante-quatre hommes, deux defdites payes la compagnie étant à quarante-un, quarante-deux & quarante-trois, une feulement lorfqu'elle ne fera qu'à quarante, & rien au-deffous dudit nombre.

Chacune des douze compagnies de Fufiliers, compofée *Compagnies* de quarante hommes, fera payée à raifon par jour de trois *de Fufiliers.* livres fix fols huit deniers au Capitaine, vingt-deux fols dix deniers au Lieutenant, onze fols à chacun des deux Sergens, fept fols fix deniers à chacun des trois Caporaux, fix fols fix deniers à chacun des trois Anfpeffades, & cinq fols fix deniers à chacun des trente-un Fufiliers & un Tambour: le Capitaine, outre l'appointement ci-deffus, recevra trois payes de gratification de cinq fols fix deniers chacune, lorfque fa compagnie fe trouvera compofée de quarante & trente-neuf hommes, deux defdites payes lorf-qu'elle fera à trente-fix, trente-fept & trente-huit, une feu-lement à trente-cinq; n'en pouvant prétendre aucune, fa compagnie étant au-deffous dudit nombre de trente-cinq hommes.

L'Enfeigne qui eft en chacune des compagnies *Enfeignes.*

Colonelle & Lieutenante-colonelle, sera payé sur le pied par jour de dix-sept sols six deniers.

Les Officiers de l'Etat-major de chacun desdits régimens, seront payez sur le pied par jour de trente-trois sols quatre deniers au Colonel, quarante-cinq sols au Lieutenant-colonel, outre leurs appointemens de Capitaine; trois livres six sols huit deniers au Major, trente-six sols deux deniers à l'Aide-major, vingt sols au Maréchal-des-logis, & dix sols à chacun des Aumônier & Chirurgien.

Outre la solde cy-dessus réglée pour les Sergens, Caporaux, Anspessades, Grenadiers, Soldats & Tambours, qui leur sera payée sans aucune retenue, au moyen de quoi ils doivent s'entretenir de linge & de chaussure, il sera donné vingt deniers par jour pour chaque Sergent, & dix deniers pour chacun des autres, qui formeront une Masse toûjours complète pour chaque bataillon, sans avoir égard aux hommes qui pourroient manquer dans les compagnies; laquelle demeurera entre les mains du Trésorier, qui en donnera sa reconnoissance à la fin de chaque mois, au Major ou autre Officier chargé du détail du régiment, pour être ladite masse employée à l'habillement desdits régimens, & remise sur la main-levée de l'Inspecteur desdites troupes Boulonnoises.

La compagnie d'Arquebusiers d'Aygoin, de soixante hommes, levée en Roussillon en conséquence de l'ordonnance particulière du 10. février 1739. continuera d'être payée sur le pied par jour de cinq livres au Capitaine; trente sols à chacun des premier & second Lieutenans, quinze sols à chacun des trois Brigadiers, & neuf sols à chacun des cinquante-cinq Arquebusiers & deux Tambours.

Il sera retenu pour l'habillement des Officiers & Arquebusiers de ladite compagnie, vingt sols par jour sur les appointemens du Capitaine, dix sols sur ceux de chaque Lieutenant, quatre sols sur la solde de chaque Brigadier, & deux sols sur celle de chaque Arquebusier & Tambour; laquelle retenue demeurera entre les mains du Commis de l'Extraordinaire des guerres en Rouſſillon, qui en donnera ſa reconnoiſſance mois par mois au Capitaine de ladite compagnie, & il n'en remettra le fonds que ſur la main-levée de l'Intendant de ladite province de Rouſſillon.

I V.

INFANTERIE ETRANGERE.

QUANT aux troupes d'Infanterie étrangère que Sa Majeſté entretient à ſon ſervice, elles ſeront payées, ſçavoir, les compagnies des régimens Suiſſes & Griſons qu'Elle a deſtinez pour ſervir dans ſes armées, ſur le pied de dix-ſept livres huit ſols par mois pour chaque homme & pour chacune des vingt-ſept payes de gratification que Sa Ma-jeſté accorde au Capitaine, ſa compagnie étant du nombre de cent ſoixante-ſix & au deſſus juſqu'à cent ſoixante-quinze, les Officiers compris; dix-ſept deſdites payes, lorſqu'elle ſera de cent cinquante-cinq juſqu'à cent ſoi-xante-cinq, ſeize depuis cent quarante-cinq juſqu'à cent cinquante-quatre incluſivement; & s'il arrivoit que la compagnie ſe trouvât au deſſous dudit nombre de cent quarante-cinq hommes, elle ne ſera payée que pour les effectifs, ſans payes de gratification au Capitaine.

Les compagnies des régimens Suiſſes ou compagnies franches, qui demeureront dans les garniſons, continue-ront à être payées ſur le pied de ſeize livres par homme par mois & pour chaque paye de gratification; deſquelles payes les Capitaines doivent jouir ſur le pied des grada-tions portées ci-devant pour ceux des régimens deſtinez à ſervir dans les armées.

Au moyen de la ſolde ci-deſſus, chaque Capitaine doit avoir, & entretenir dans ſa compagnie, un Capitaine-lieutenant à cent livres par mois, un Lieutenant à ſoixante-quinze livres, un Sous-lieutenant à cinquante livres, un Enſeigne à quarante-ſept livres, deux Sergens à vingt-cinq livres chacun, deux autres à vingt livres, un Fourrier auſſi à vingt livres, un Porte-enſeigne & un Capitaine d'armes

SUISSES
&
GRISONS.

G ij

à dix-huit livres chacun, un Prévôt à quinze livres, six Caporaux, six Anspessades & cent cinquante Fusiliers, compris les Tambours & Fifre : étant à observer que dans les compagnies dont les Capitaines ne servent point au corps, le Capitaine-lieutenant doit recevoir cent trente livres, & qu'il doit y avoir deux Lieutenans au lieu d'un, payez chacun à soixante-quinze livres par mois.

Etat-major.

L'Etat-major de chacun des régimens Suisses & Grisons, destinez à servir dans les armées, sera payé à raison de dix-neuf cens soixante livres huit sols par mois ; & ceux des régimens qui demeureront en garnison, sur le pied de mille livres seulement, le payement devant en être fait où la compagnie Colonelle du régiment se trouvera.

Sur la composi-
tion des demi-
compagnies, le
service des Capi-
taines titulaires,
& Capitaines-
lieutenans com-
mandans.

Comme il y a des compagnies qui sont composées de deux demi-compagnies Suisses & Grisonnes, de quatre-vingt-sept hommes chacune, pour faire le service d'une compagnie entiére, l'intention de Sa Majesté est que le complet desdites deux compagnies soit aussi à cent soixante-six hommes & au-dessus jusqu'à cent soixante-quinze, pour les payes de gratification, sans avoir égard si une des deux demi-compagnies est plus forte en nombre que l'autre ; Sa Majesté laissant aux Capitaines la liberté de s'accommoder entre eux là-dessus : & Elle trouve bon que lesdits Capitaines dont les compagnies seront ainsi couplées, y servent alternativement pendant un an, & que celui des deux qui pourra s'absenter, soit payé comme présent : Sa Majesté veut bien aussi que les Capitaines-lieutenans commandant les compagnies dont les Capitaines servent à d'autres emplois, s'absentent alternativement ; mais Elle ordonne que pendant l'année de leur absence ils ne reçoivent que cinquante livres par mois, au lieu de cent trente qu'ils ont pendant l'année de leur service.

Appointemens
d'Officiers des
troupes Suisses
licenciées.

Sa Majesté ayant par son ordonnance du premier mai 1737. entretenu avec des appointemens, dans les régimens Suisses, les Officiers des compagnies qui avoient été levées en vertu des ordonnances des 10. novembre

1733.

1733. & premier juin 1734. & qui ont été licenciées à la réforme du 8. janvier 1737. mais plufieurs defdits Officiers ayant depuis quitté le fervice, ou été remplacez, il n'eft néceffaire de rappeller ici que ceux qui exiftent actuellement dans les régimens, lefquels continueront d'être payez en conféquence de l'état ci-après.

REGIMENS où ils doivent fervir.	NOMS DES OFFICIERS.	Appointemens dont ils doivent jouir par an.
BETTENS...	GABRIEL FISCHER, en dernier lieu Capitaine-lieutenant, & auparavant Sous-lieutenant dans ce régiment	600. liv.
VIGIER.....	JOSUÉ BRUN, en dernier lieu Capitaine d'une demi-compagnie, & auparavant Capitaine-lieutenant dans le régiment de Brendlé	1200.
	GEORGE-ANTOINE GILLY, en dernier lieu Capitaine-commandant, & auparavant Sous-lieutenant dans le régiment de Courten	600.
	JEAN-GEORGE FÉER, en dernier lieu Capitaine-lieutenant, & auparavant Lieutenant dans le régiment de Wittmer	900.
SEEDORFF...	JEAN-HENRY HIRTZEL, en dernier lieu Capitaine d'une demi-compagnie, & auparavant Lieutenant dans ce régiment	900.
	JEAN MURALT, en dernier lieu Capitaine d'une demi-compagnie, & auparavant Enfeigne dans le régiment des Gardes-fuiffes	900.
MONIN....	JEAN-LOUIS PERDRIAU, en dernier lieu Capitaine-commandant, & auparavant Sous-lieutenant dans le régiment de Dieſbach.	600.
	CHRISTIAN EDINGUER, en dernier lieu Capitaine-lieutenant, & auparavant Sous-lieutenant dans le régiment de Wittmer	600.
LA COUR-AU-CHANTRE...	GRATIAN DE JOSSAUD, en dernier lieu Capitaine-commandant, & auparavant Sous-lieutenant dans ce régiment	600.
	FRANÇOIS-LOUIS JACOBEL, en dernier lieu Capitaine-lieutenant, & auparavant Lieutenant dans le régiment de May	900.

H

REGIMENS où ils doivent servir.	NOMS DES OFFICIERS.	Appointemens dont ils doivent jouir par an.
DIESBACH...	Jost-Antoine Schmidt, en dernier lieu Capitaine-commandant, & auparavant Sous-lieutenant dans le régiment de Wittmer. . . .	600. liv.
	Victor Joseph Rool, en dernier lieu Capitaine-commandant, & auparavant Enseigne de la Générale	900.
COURTEN...	Jean-Jacques Harder, en dernier lieu Capitaine-commandant, & auparavant Lieutenant dans ce régiment.	900.

Lesdits Officiers ne pourront être payez qu'en passant présens aux revûes des Commissaires des guerres des régimens où ils doivent servir, & les appointemens qui leur sont ci-dessus réglez, seront supprimez du jour de leur remplacement. Lorsqu'ils auront des affaires qui exigeront leur présence chez eux, Sa Majesté voudra bien leur faire expédier des congés pour quatre mois seulement de chaque année, pendant lesquels ils seront passez absens comme présens, & payez de leurs appointemens à leur retour: Déclarant Sa Majesté qu'Elle ne leur accordera point de prolongation ni de relief, sous quelque prétexte que ce soit, & que s'il arrivoit que quelqu'un d'entr'eux fût absent pendant six mois au de-là de son congé, Sa Majesté donneroit ses ordres pour le faire ôter de l'état du régiment.

Compagnie Suisse d'Heuberger.

La compagnie Suisse d'Heuberger, de quatre-vingts hommes, doit avoir la moitié des Officiers ci-dessus marquez pour une compagnie de cent soixante-quinze hommes, & être payée sur le pied de seize livres par homme par mois, & pour chacune des treize payes & demie de gratification que le Capitaine doit avoir sa compagnie étant de soixante-douze jusqu'à quatre-vingts hommes, les officiers compris, huit desdites payes à soixante-cinq & au-dessus jusqu'à soixante-onze inclusivement; ne devant être payé que pour les effectifs, sans paye de gratification, ſi la compagnie ſe trouve au-deſſous dudit nombre de ſoixante-cinq.

Les compagnies Suiſſes de Reynold, & de Griſon de Travers, de cinquante hommes chacune, les Officiers compris, doivent avoir le quart des Officiers d'une compagnie de cent ſoixante-quinze hommes, & être payées ſur le pied de ſeize livres par mois par homme & paye de gratification : le Capitaine recevra ſept deſdites payes de gratification, quand ſa compagnie ſe trouvera de quarante-deux juſqu'à cinquante hommes, & cinq payes lorſqu'elle ſera de trente-huit juſqu'à quarante-un ; ſans que le Capitaine puiſſe prétendre aucune paye, la compagnie étant au-deſſous dudit nombre de trente-huit, les Officiers compris.

Compagnies de Reynold, & de Travers.

S'il arrive qu'un Officier des compagnies des régimens Suiſſes & Griſons, & des compagnies d'Heuberger, Reynold & Travers, s'abſente ſans congé, ou qu'il outre-paſſe celui qui lui aura été accordé, il ſera retenu ſur la ſolde de ladite compagnie, outre la paye perſonnelle de l'Officier, huit payes par mois pour l'abſence du Capitaine ou Capitaine-lieutenant, ſix payes pour celle du Lieutenant ou ſecond Lieutenant, quatre pour le Sous-lieutenant, & trois pour celle de l'Enſeigne, pendant le tems que l'abſence de l'Officier aura duré.

Retenue pour l'abſence des Officiers Suiſſes & Griſons.

Les vingt-quatre compagnies qui compoſent les quatre bataillons du régiment d'Alſace, & les dix-huit des trois bataillons de chacun des régimens d'Infanterie Allemande de Saxe, la Marck, Royal-Suédois & Royal-Baviere, de cent dix hommes chacune, ſeront payées ſur le pied de quatorze livres dix ſols par mois par homme, & pour chacune des quatorze payes de gratification que Sa Majeſté accorde au Capitaine, ſa compagnie étant de cent cinq à cent dix hommes, douze de cent à cent quatre, dix de quatre-vingt-quinze à quatre-vingt-dix-neuf, huit de quatre-vingt-dix à quatre-vingt-quatorze, ſix de quatre-vingt-cinq à quatre-vingt-neuf, & quatre ſeulement de quatre-vingt à quatre-vingt-quatre incluſivement ; le

ALLEMANDS. CINQ RÉGIMENS. Compagnies.

Capitaine ne devant être payé que pour les effectifs, lorsque sa compagnie se trouvera au-dessous dudit nombre de quatre-vingt. Il sera payé en outre quatre-vingt-dix livres par mois au Capitaine en pied, pour ses appointemens, pareilles quatre-vingt-dix livres au Capitaine réformé, soixante livres au premier Lieutenant, cinquante-une livres à chacun des second Lieutenant & des deux Lieutenans en second, & quarante-huit livres à l'Enseigne de chaque compagnie : Entendant Sa Majesté que dans ledit nombre de cent dix hommes, soient compris & payez par le Capitaine, un premier Sergent à treize sols par jour, deux autres à douze sols, un quatrième à onze sols, un Fourrier & un Capitaine d'armes à neuf sols chacun, deux Fourriers-schutz à huit sols chacun, quatre Caporaux & trois Tambours à sept sols chacun, huit Anspessades & huit Grenadiers à six sols chacun, & soixante-dix-neuf Fusiliers à cinq sols six deniers chacun.

Etat-major & Prévôté des cinq régimens Allemands, Commandans & Aides-majors de bataillons.

Il sera payé pour l'Etat-major de chacun desdits régimens, mille livres par mois au Colonel, cent soixante livres au Lieutenant-colonel, outre ce qu'ils reçoivent comme Capitaines ; trois cens livres au Major, cent livres à l'Interprète, quatre-vingt-dix livres à l'Aide-major qui ne pourra y avoir d'autre charge, quarante-cinq livres à l'Aumônier, cinquante livres à chacun des Chirurgien & Auditeur, quarante livres au Prévôt, vingt livres à chacun des Greffier & Tambour-major, dix-huit livres à chacun des deux Archers & à l'Exécuteur de justice, soixante livres à chaque Commandant des second, troisième & quatrième bataillons du régiment d'Alsace, & des second & troisième bataillons des quatre autres régimens, outre ce qu'il reçoit comme Capitaine, & quatre-vingt-dix livres à chaque Aide-major desdits second, troisième & quatrième bataillons.

Officiers réformez, Colonels & Lieutenans-colonels.

Les Colonels & Lieutenans-colonels réformez, entretenus à la suite desdits régimens, seront payez sur le pied de cent trente-six livres dix-sept sols six deniers par mois, à l'exception de ceux auxquels il a été expédié des ordres

par

par lefquels il leur eft réglé un traitement particulier, dont ils continueront de jouir.

A l'égard des Capitaines & Lieutenans réformez, entretenus à la fuite defdits régimens, ceux qui compofent les brigades qui en font détachées, & ceux qui ont des ordres pour fervir dans les places, ou qui en obtiendront par la fuite, ils feront payez en conformité de l'Ordonnance du premier mai 1737. & de l'état y joint, fçavoir, les Capitaines de la première claffe à quatre-vingt-dix livres par mois, ceux de la feconde à foixante livres, ceux de la troifième à cinquante livres, & ceux de la quatrième à trente-fept livres dix fols : & les Lieutenans de la première claffe, à quarante-huit livres, ceux de la feconde à trente livres, & ceux de la troifiéme à vingt livres. *Capitaines & Lieutenans.*

Les fieurs de Valbrun commandant la brigade d'Alface, Camberfort commandant la brigade de la Marck, & Hieronimi commandant celle de Royal-Suédois, continueront d'être payez fur le pied de quatre-vingt-dix livres chacun par mois; & ceux qui les remplaceront dans le commandement defdites brigades, recevront le même traitement. *Commandans des brigades d'Alface, la Marck & Royal-Suédois.*

Le fieur Delort commandant la brigade à la paye françoife, recevra, fuivant l'article VII. de ladite ordonnance du premier mai 1737. vingt-cinq livres par mois en ladite qualité, outre les trente-fept livres dix fols à lui attribuez auffi par mois en celle de Capitaine. *Commandant de la brigade françoife.*

Le régiment Royal-Italien, compofé de douze compagnies de cinquante hommes chacune, fera payé, fçavoir, la compagnie de Grenadiers, fur le pied de fix livres par jour au Capitaine, trois livres quatre fols au Lieutenant, deux livres au Sous-lieutenant, quinze fols à chacun des trois Sergens, dix fols dix deniers à chacun des trois Caporaux, neuf fols cinq deniers à chacun des cinq Anfpeffades & un Tambour, & huit fols à chacun des trente-huit Grenadiers : le Capitaine aura en outre fept payes de gratification, de huit fols chacune, dont il *RÉGIMENT ROYAL-ITALIEN. Compagnie de Grenadiers.*

I

en recevra trois, sa compagnie étant composée de quarante-deux à quarante-quatre hommes, cinq lorsqu'elle sera de quarante-cinq à quarante-sept, & sept de quarante-huit à cinquante ; ne devant avoir aucune desdites payes de gratification lorsqu'elle se trouvera au-dessous du nombre de quarante-deux hommes.

Compagnies de Fusiliers. Chacune des onze compagnies de Fusiliers dudit régiment, sera payée sur le pied de cinq livres par jour au Capitaine, deux livres au Lieutenant, trente sols à l'Enseigne, quatorze sols à chacun des trois Sergens, neuf sols dix deniers à chacun des trois Caporaux, huit sols cinq deniers à chacun des cinq Anspessades & un Tambour, sept sols six deniers à chacun des dix Appointez, & sept sols à chacun des vingt-huit Fusiliers : le Capitaine aura en outre sept payes de gratification, de sept sols chacune, dont il en recevra trois, sa compagnie étant composée de quarante-deux à quarante-quatre hommes, cinq lorsqu'elle sera de quarante-cinq à quarante-sept, & sept de quarante-huit à cinquante ; ne devant avoir aucune paye de gratification, lorsqu'elle se trouvera au-dessous du nombre de quarante-deux hommes.

Etat-major & Prévôté du régiment Royal-Italien. L'Etat-major dudit régiment sera payé sur le pied de seize livres treize sols quatre deniers par jour au Colonel, quatre livres au Lieutenant-colonel, outre leurs appointemens de Capitaine, dix livres au Major, cinq livres à l'Interprète, trois livres à l'Aide-major, trente sols au Maréchal-des-logis, quarante sols à l'Aumônier, quinze sols au Chirurgien, quarante sols au Prévôt, vingt sols à son Lieutenant, douze sols six deniers au Greffier, huit sols quatre deniers à chacun des cinq Archers & à l'Exécuteur de justice, & dix sols au Tambour-major.

Officiers réformez du régiment Royal-Italien. Il sera payé cent livres par mois à chaque Colonel réformé entretenu à la suite dudit régiment, quatre-vingt-trois livres six sols huit deniers à chaque Lieutenant-colonel, soixante livres à chaque Capitaine, & trente livres à chaque Lieutenant.

Officiers de la Chaque Capitaine réformé servant dans ladite brigade, recevra soixante livres d'appointemens par mois, & chaque Lieutenant trente livres.

Le régiment Royal-Corse, dont la levée a été faite & le payement réglé en conséquence des ordonnances particulières de Sa Majesté des 10. & 31. août 1739. sur le pied de douze compagnies de cinquante hommes chacune, continuera d'être payé, sçavoir, celle de Grenadiers, à raison de six livres par jour au Capitaine, trois livres quatre sols au Lieutenant, deux livres au Sous-lieutenant, quinze sols à chacun des deux Sergens, dix sols dix deniers à chacun des trois Caporaux, neuf sols cinq deniers à chacun des cinq Anspessades & un Tambour, & huit sols à chacun des trente-neuf Grenadiers : le Capitaine aura en outre cinq payes de gratification de huit sols chacune, dont il en recevra trois, sa compagnie étant composée de quarante hommes, quatre lorsqu'elle sera de quarante-un à quarante-cinq, & cinq de quarante-six à cinquante ; ne devant avoir aucune desdites payes de gratification lorsqu'elle se trouvera au-dessous du nombre de quarante hommes.

Chacune des onze compagnies de Fusiliers sera payée sur le pied de cinq livres par jour au Capitaine, deux livres au Lieutenant, trente sols à l'Enseigne, quatorze sols à chacun des deux Sergens, neuf sols dix deniers à chacun des trois Caporaux, huit sols cinq deniers à chacun des cinq Anspessades & un Tambour, sept sols six deniers à chacun des dix Appointés, & sept sols à chacun des vingt-neuf Fusiliers : le Capitaine recevra en outre cinq payes de gratification de sept sols chacune, dont il en aura trois sa compagnie étant composée de quarante hommes, quatre lorsqu'elle sera de quarante-un à quarante-cinq, & cinq de quarante-six à cinquante ; ne devant avoir aucune desdites payes de gratification, lorsqu'elle se trouvera au-dessous du nombre de quarante hommes.

L'Etat-major dudit régiment sera payé sur le pied de seize livres treize sols quatre deniers par jour au Colonel, trois livres au Lieutenant-colonel, outre leurs appointemens

---

Marginal notes:

brigade détachée dudit régiment.

RÉGIMENT ROYAL-CORSE.

Compagnie de Grenadiers.

Compagnies de Fusiliers.

Etat-major du régiment Royal-Corse, sans Prévôté.

de Capitaine, huit livres au Major, trois livres à l'Aide-major, trente sols au Maréchal-des-logis, quarante sols à l'Aumônier, quinze sols au Chirurgien, & dix sols au Tambour-major.

Officiers réformez du régiment Royal-Corse.

Les Officiers réformez que Sa Majesté jugera à propos d'entretenir à la suite dudit régiment, seront payez de leurs appointemens sur le pied par mois, sçavoir, de cent livres à chaque Colonel, quatre-vingt-trois livres six sols huit deniers à chaque Lieutenant-colonel, soixante livres à chaque Capitaine, & trente livres à chaque Lieutenant.

IRLANDOIS. BULKELEY, CLARE & DILLON. Compagnie de Grenadiers.

Les régimens Irlandois de Bulkeley, Clare & Dillon, composez chacun d'un bataillon de dix-sept compagnies, seront payez, sçavoir, la compagnie de Grenadiers de quarante-cinq hommes, sur le pied de six livres par jour au Capitaine en pied, trois livres six sols huit deniers au Capitaine réformé, trois livres dix sols au Lieutenant en pied, trente sols au Lieutenant réformé, quatorze sols à chacun des deux Sergens, neuf sols six deniers à chacun des trois Caporaux, huit sols six deniers à chacun des trois Anspessades, & sept sols six deniers à chacun des trente-six Grenadiers & un Tambour : le Capitaine recevra trois payes de gratification, de sept sols six deniers chacune par jour, sa compagnie étant à quarante-cinq & quarante-quatre hommes, deux desdites payes la compagnie étant à quarante-un, quarante-deux & quarante-trois hommes, une seulement lorsqu'elle ne sera qu'à quarante, & rien au-dessous dudit nombre de quarante hommes.

Compagnies de Fusiliers.

Chacune des seize compagnies de Fusiliers, composée de quarante hommes, sera payée sur le pied par jour de cinq livres au Capitaine en pied, trois livres six sols huit deniers au Capitaine réformé, quarante-cinq sols au Lieutenant en pied, trente sols au Lieutenant réformé, treize sols à chacun des deux Sergens, huit sols six deniers à chacun des trois Caporaux, sept sols six deniers à chacun des trois Anspessades, & six sols six deniers à chacun des trente-un Fusiliers & un Tambour : le Capitaine recevra de plus trois payes de gratification, de six sols six deniers chacune

chacune par jour, sa compagnie étant à quarante & trente-
neuf hommes, deux desdites payes lorsqu'elle sera à trente-
six, trente-sept & trente-huit, une seulement à trente-cinq;
n'en pouvant prétendre aucune, sa compagnie étant au-
dessous dudit nombre de trente-cinq hommes.

Outre les Officiers ci-dessus, l'Enseigne qui est en chacune des compagnies Colonelle & Lieutenante-colonelle
desdits régimens, recevra trente-six sols par jour.

Enseignes.

L'Etat-major de chacun desdits régimens sera payé sur
le pied par jour de treize livres six sols huit deniers au
Colonel, quarante-cinq sols au Lieutenant-colonel, outre
leurs appointemens de Capitaine; six livres treize sols
quatre deniers au Major, cinq livres à l'Interprète, trois
livres à l'Aide-major, quarante sols à l'Aumônier, & trente
sols à chacun des Chirurgien & Maréchal-des-logis.

E'tat-major.

Les Officiers réformez à la suite desdits régimens, &
ceux qui sont détachez dans les places, seront payez sur
le pied par mois de cent cinquante livres à chaque Colonel
ou Lieutenant-colonel, cent livres à chaque Capitaine,
& quarante-cinq livres à chaque Lieutenant.

*Officiers réfor-
mez à la suite des
trois régimens,
& détachez dans
les places.*

La pension de quatre mille sept cens livres attachée à la
charge de Colonel de chacun desdits régimens, au lieu de
celle de deux mille livres qu'il avoit anciennement, lui
sera continuée; au moyen de quoi il ne doit plus retenir
les quatre deniers par jour sur la masse des Sergens, Caporaux, Anspessades & Soldats, qui doivent recevoir leur
paye entière, à la déduction seulement d'un sol qui sera
mis à la masse.

Les régimens Irlandois de Roth & Berwick, chacun
d'un bataillon de dix-sept compagnies, seront payez,
sçavoir, la compagnie de Grenadiers composée de quarante-cinq hommes, sur le pied par jour de quatre livres
quinze sols au Capitaine en pied, quarante-cinq sols dix
deniers au Capitaine réformé, cinquante-un sols au Lieutenant en pied, vingt-un sols huit deniers au Lieutenant
réformé, quatorze sols à chacun des deux Sergens, neuf
sols six deniers à chacun des trois Caporaux, huit sols six

*R O T H
&
B E R W I C K.
Compagnie
de Grenadiers.*

deniers à chacun des trois Anspessades, & sept sols six deniers à chacun des trente-six Grenadiers & un Tambour: le Capitaine recevra trois payes de gratification, de sept sols six deniers chacune par jour, sa compagnie étant de quarante-cinq & quarante-quatre hommes, deux desdites payes la compagnie étant à quarante-un, quarante-deux & quarante-trois, une seulement lorsqu'elle ne sera qu'à quarante, & rien au-dessous dudit nombre de quarante hommes.

Compagnies de Fusiliers.   Chacune des seize compagnies de Fusiliers, composées de quarante hommes, sera payée sur le pied par jour de trois livres quinze sols au Capitaine en pied, quarante-cinq sols dix deniers au Capitaine réformé, trente-deux sols six deniers au Lieutenant en pied, vingt-un sols huit deniers au Lieutenant réformé, treize sols à chacun des deux Sergens, huit sols six deniers à chacun des trois Caporaux, sept sols six deniers à chacun des trois Anspessades, & six sols six deniers à chacun des trente-un Fusiliers & un Tambour : le Capitaine recevra trois payes de gratification, de six sols six deniers chacune par jour, sa compagnie étant à quarante & trente-neuf hommes, deux desdites payes lorsqu'elle sera à trente-six, trente-sept & trente-huit, une seulement à trente-cinq ; n'en pouvant prétendre aucune, sa compagnie étant au-dessous dudit nombre de trente-cinq hommes.

Enseignes.   Outre les Officiers ci-dessus, l'Enseigne qui est en chacune des compagnies Colonelle & Lieutenante-colonelle desdits régimens, recevra vingt-cinq sols six deniers par jour.

Etat-major & Prévôté.   L'Etat-major de chacun desdits régimens sera payé sur le pied par jour de sept livres dix sols au Colonel, trente-deux sols six deniers au Lieutenant-colonel, outre leurs appointemens de Capitaine ; quatre livres onze sols huit deniers au Major, quarante-six sols huit deniers à l'Aide-major, vingt-cinq sols à chacun des Aumônier & Maréchal-des-logis, vingt sols au Chirurgien, vingt-six sols huit deniers au Prévôt, treize sols quatre deniers à son Lieutenant, huit sols quatre deniers au Greffier, & cinq sols à chacun des cinq Archers & à l'Exécuteur de justice.

Les Officiers réformez à la suite desdits régimens, & ceux·qui feront détachez dans les places, recevront par mois, sçavoir, chaque Colonel ou Lieutenant-colonel, cent douze livres dix sols; chaque Capitaine soixante-huit livres quinze sols, & chaque Lieütenant trente-deux livres dix sols. *Officiers réfor-mez à la suite des deux régimens, & détachez dans les places.*

V.

POUR entretenir les bataillons dans une égale force, Sa Majesté, en confirmant ce qui est porté par les anciennes ordonnances, veut que les compagnies d'un régiment composé de plusieurs bataillons, y servent suivant le rang de leur Capitaine; que celles de Grenadiers soient mises suivant leur ancienneté, à la tête de chaque bataillon; que la compagnie Colonelle & celle du Lieutenant-colonel demeurent au premier bataillon; que celle du premier Capitaine soit dans le second, que celle du second Capitaine soit dans le troisième, & que celle du troisième Capitaine soit dans le quatrième bataillon des régimens où il y en a quatre, & que les autres compagnies soient ainsi distribuées suivant leur rang : & lorsqu'il en vaquera une dans un régiment, que l'Officier qui en sera pourvû, prenne avec sa compagnie, la queue du dernier bataillon, pour faire monter les autres compagnies, de sorte qu'elles se trouvent suivant leur rang dans les bataillons où elles doivent servir. Et comme Sa Majesté auroit été ci-devant avertie que les Colonels des régimens d'Infanterie pre-noient deux Soldats dans les compagnies qui venoient à vaquer, pour servir dans les leurs, & qu'ils y en faisoient aussi prendre un pour les Grenadiers, Sa Majesté continue la défense qu'Elle leur a faite de prendre ni laisser prendre aucun Soldat dans les compagnies vacantes, son intention étant qu'elles soient remises à ceux qui en seront pourvûs, dans l'état où elles se seront trouvées lorsqu'elles auront vaqué. *COMPOSITION DES BATAILLONS.*

Veut aussi Sa Majesté qu'il y ait toûjours en chaque compagnie de son Infanterie françoise ou étrangère, dix *OUTILS.*

outils propres à remuer la terre, que les Soldats de chaque chambrée porteront tour à tour avec leurs armes.

Les Ingénieurs auxquels Sa Majesté a accordé des réformes, continueront d'être payez dans les places de leur résidence, sur les ordres qui seront expédiez à cet effet, sur le pied par mois de trente-sept livres dix sols à chaque Capitaine, & de vingt livres à chaque Lieutenant.

Sa Majesté trouve bon que le sol d'augmentation par jour, accordé à chaque Sergent, & les six deniers à chaque Caporal, Anspessade, Grenadier, Soldat & Tambour, pour s'entretenir de linge & de chaussure, leur soit continué pendant les marches, dans les lieux où l'étape sera fournie, même aux trois cens quarante Soldats surnuméraires que Sa Majesté a bien voulu entretenir dans son régiment d'Infanterie, sur le pied de cinq en chacune des soixante-huit compagnies dont il est composé; & il sera accordé un supplément de solde aux troupes d'Infanterie étrangère, comme par le passé.

V I.

GENDARMERIE.

Les Officiers des Gardes-du-corps du Roy, servant à la Cornette, seront payez sur le pied par jour de six livres à chacun des trois Lieutenans, cinq livres à chacun des trois Enseignes, trois livres à chacun des onze Exempts, l'Aide-major compris; quarante sols à chacun des neuf Brigadiers, trente-cinq sols à chacun des neuf Sousbrigadiers, trente-trois sols à chacun des deux cens quatrevingt-deux Gardes, des six Trompettes & un Timbalier, quarante sols à l'Aumônier, & vingt sols au Chirurgien; le tout en chacune des quatre compagnies desdits Gardes-du-corps.

La compagnie des Grenadiers à cheval de Sa Majesté, sera payée sur le pied par jour de dix livres au Capitaine-lieutenant, de six livres à chacun des trois Lieutenans, quatre livres à chacun des trois Sous-lieutenans, trois livres à chacun des trois Maréchaux-des-logis, quarante sols à
chacun

chacun des six Sergens, trente-un sols à chacun des trois Brigadiers, vingt-six sols à chacun des six Sous-brigadiers, vingt-quatre sols à chacun des six Appointez & un Porte-étendard, vingt-un sols à chacun des cent vingt-quatre Grenadiers & quatre Tambours; & quarante sols à l'Aumônier établi dans ladite compagnie par ordonnance particulière du 9. février 1734.

Les grands Officiers des compagnies de Gendarmes & de Chevaux-légers de la garde du Roy, & les cinquante Gendarmes & cinquante Chevaux-légers, deux Trompettes & un Timbalier de chaque compagnie servant par quartier près Sa Majesté, continueront à être payez suivant les états & ordres qui seront expédiez à cet effet.

GENDARMES & CHEVAUX-LÉGERS DE LA GARDE DU ROY.

Il sera payé trente sols par jour à chacun des Brigadiers, Sous-brigadiers, cent cinquante Gendarmes, & cent cinquante Chevaux-légers, & deux Trompettes de chacune desdites deux compagnies servant à la Cornette; & vingt sols à chacun des sept petits Officiers, aussi de chaque compagnie, sçavoir; un Aumônier, deux Fourriers, deux Chirurgiens, un Sellier & un Maréchal-ferrant.

Chacune des deux compagnies de Mousquetaires de la garde du Roi, sera payée à raison de trente livres par jour au Capitaine-lieutenant, qui est vingt livres pour les appointemens de Capitaine, & dix livres pour ceux de Lieutenant; six livres treize sols quatre deniers à chacun des deux Sous-lieutenans, cinq livres à chacun des deux Enseignes & deux Cornettes, cinquante sols à chacun des dix Maréchaux-des-logis, quarante-deux sols à chacun des quatre Brigadiers, quarante sols à chacun des dix-huit Sous-brigadiers & cent soixante-seize Mousquetaires, cinquante sols à chacun des quatre Hautbois, & trente sols à chacun des six Tambours & des six petits Officiers, sçavoir, un Aumônier, un Chirurgien, un Apothicaire, un Fourrier, un Sellier & un Maréchal-ferrant.

MOUSQUETAIRES DE LA GARDE DU ROY.

Les grands Officiers des dix compagnies de Gendarmes de la Gendarmerie, continueront d'être payez suivant les états que Sa Majesté fera expédier; & les Maréchaux-

GENDARMERIE. Grands Officiers des compagnies de Gendarmes.

L

des-logis, Brigadiers, Sous-brigadiers, Porte-étendards, Gendarmes, Trompettes & Timbaliers, sur le même pied de ceux des compagnies de Chevaux-légers, ainsi qu'il est ci-après expliqué.

Compagnies de Chevaux-légers.   Chacune des six compagnies de Chevaux-légers de ladite Gendarmerie, composée d'un Capitaine-lieutenant, un Sous-lieutenant, deux Cornettes, quatre Maréchaux-des-logis, deux Brigadiers, deux Sous-brigadiers, un Porte-étendard, soixante-dix Chevaux-légers, & deux Trompettes, sera payée à raison de neuf livres par jour au Capitaine-lieutenant, qui est six livres en qualité de Capitaine, & trois livres en celle de Lieutenant; trois livres au Sous-lieutenant, quarante-cinq sols à chaque Cornette, quarante-six sols à chaque Maréchal-des-logis, vingt-six sols six deniers à chaque Brigadier & Sous-brigadier, dix-huit sols quatre deniers au Porte-étendard, quinze sols à chaque Chevau-léger, & vingt-deux sols à chaque Trompette.

Aumôniers & Timbaliers.   Il sera payé vingt-deux sols aussi par jour à chacun des huit Timbaliers entretenus dans les huit premières compagnies, & trente sols à chacun des deux Aumôniers de ladite Gendarmerie.

E'tat-major de la Gendarmerie.   Les Officiers de l'Etat-major de ladite Gendarmerie, étant payez de leurs appointemens à l'Ordinaire des guerres, il n'en sera point fait ici mention.

V I I.

CAVALERIE, CARABINIERS, HUSSARDS ET DRAGONS.

CAVALERIE. Compagnies.   L'INTENTION de Sa Majesté est, qu'outre le fourrage qui sera fourni à chaque Cavalier, Carabinier, Hussard & Dragon, il soit payé à chacune des compagnies qui composent les régimens de Cavalerie françoise, sçavoir, au Capitaine cinq livres par jour, au Lieutenant cinquante sols, au Maréchal-des-logis vingt-six sols huit deniers, à chacun des deux Brigadiers huit sols, & à chacun des

trente-trois Cavaliers, y compris le Trompette & le Timbalier, où il doit y en avoir, sept sols.

Le Sous-lieutenant qui est dans la compagnie Colonelle du Colonel général de la Cavalerie, le Cornette-
blanc qui est dans ladite compagnie, & le Cornette qui
est en chacune des compagnies Mestre-de-camp des régimens du Mestre-de-camp général & du Commissaire général de la Cavalerie, recevront, sçavoir, le Sous-lieutenant,
cinquante sols par jour; le Cornette-blanc, & chacun des
deux autres, trente-sept sols six deniers aussi par jour. *Sous-lieuténant & Cornettes dans la compa-gnie du Colonel général, & dans celles des Mestre-de-Camp géné-ral & Commis-saire général de la Cavalerie.*

Il sera payé quarante-quatre sols cinq deniers par jour
au Mestre-de-camp de chaque régiment de Cavalerie
françoise, trente-trois sols quatre deniers au Lieutenant-
colonel, outre leurs appointemens de Capitaine; six livres
au Major, trois livres à chaque Aide-major, trente sols à
l'Aumônier, & treize sols six deniers au Chirurgien. *E'tat-major de Cavalerie françoise.*

Chacune des seize compagnies du régiment Royal-
Allemand, composée de trente-cinq Maîtres, sera payée
sur le pied par jour de six livres au Capitaine, de trois livres
au Lieutenant, trente sols au Maréchal-des-logis, neuf sols
à chacun des trois Brigadiers, & sept sols à chacun des
trente-deux Cavaliers, y compris les Cadets, Trompettes
& Timbalier : il sera en outre payé un sol par jour à
chaque Cadet qui passera en revûe dans le nombre desdits
Cavaliers, sur le certificat du Commandant du régiment. *ROYAL-ALLEMAND. Compagnies.*

Cadets.

L'Etat-major dudit régiment sera payé sur le pied par
jour de six livres treize sols quatre deniers au Mestre-de-
camp, de cinq livres à chacun des deux Lieutenans-
colonels, outre leurs appointemens de Capitaine ; huit
livres six sols huit deniers à chacun des deux Majors, cin-
quante-trois sols quatre deniers à chacun des deux Aides-
majors, vingt-six sols huit deniers au Maréchal-des-logis,
trente-trois sols quatre deniers au Prévôt, vingt-six sols
huit deniers à son Lieutenant, vingt sols au Greffier,
vingt-six sols huit deniers à chacun des Aumônier & Chirurgien, & quinze sols à chacun des quatre Archers &
un Exécuteur de justice. *E'tat-major.*

L ij

ROSEN.
Compagnies.
Chacune des seize compagnies du régiment de Cavalerie allemande de Rosen, composée de trente-cinq Maîtres, sera payée sur le pied par jour de six livres au Capitaine, trois livres au Lieutenant, vingt-six sols huit deniers au Maréchal-des-logis, huit sols à chacun des deux Brigadiers, & sept sols à chacun des trente-trois Cavaliers, compris le Trompette & le Timbalier.

E'tat-major.
L'Etat-major dudit régiment sera payé sur le pied par jour de trois livres six sols huit deniers au Mestre-de-camp, quarante sols au Lieutenant-colonel, outre leurs appointemens de Capitaine; huit livres dix sols au Major, trois livres à l'Aide-major, treize sols quatre deniers à chacun des Aumônier, Chirurgien & Auditeur, & sept sols six deniers à chacun des Greffier, trois Archers & un Exécuteur.

CARABINIERS.
Compagnies.
Chacune des quarante compagnies de trente-cinq Maîtres, qui composent les cinq brigades du régiment Royal des Carabiniers, sera payée sur le pied par jour de six livres au Capitaine, trois livres au Lieutenant, trente sols au Maréchal-des-logis, neuf sols à chacun des deux Brigadiers, & huit sols à chacun des trente-trois Carabiniers, compris le Trompette & le Timbalier, où il doit y en avoir.

E'tat-major.
Pour l'Etat-major dudit régiment, il sera payé cinquante-un sols dix deniers par jour à Monsr. le Prince de Dombes, en qualité de Mestre-de-camp-lieutenant; pareils cinquante-un sols dix deniers à chacun des cinq Mestres-de-camp qui servent sous lui à la tête des cinq brigades; trente-huit sols dix deniers à chaque Lieutenant-colonel, outre leurs appointemens de Capitaine; sept livres à chaque Major, trois livres dix sols à l'Aide-major, trente sols à l'Aumônier, & seize sols deux deniers au Chirurgien de chaque brigade.

HUSSARDS.
Compagnies.
Les dix-huit compagnies du régiment Hussard de Berchiny, les douze de chacun des autres régimens Hussards de David, d'Apremont-Linden, de Beausobre, & les douze du régiment de Cavalerie étrangère du Comte de Rougrave, levé par ordonnance du 27. septembre 1743. pour être entretenu sur le pied des trois

derniers

derniers de Huſſards ci-deſſus, compoſées chacune de cinquante Maîtres, ſeront payées ſur le pied par jour de ſix livres au Capitaine, de trois livres au Lieutenant, quarante-cinq ſols au Cornette, vingt-ſix ſols huit deniers au Maréchal-des-logis, neuf ſols à chacun des trois Brigadiers, & ſept ſols à chacun des quarante-ſept Huſſards, compris le Trompette & le Timbalier.

L'Etat-major de chacun deſdits régimens ſera payé ſur le pied par jour de trois livres ſix ſols huit deniers au Meſtre-de-camp, de quarante ſols au Lieutenant-colonel, outre leurs appointemens de Capitaine ; huit livres dix ſols au Major, trois livres à l'Aide-major, trente ſols à l'Aumônier, & treize ſols quatre deniers au Chirurgien.

E'tat-major des régimens de Berchiny, David, d'Apremont-Linden, Beauſobre & Rougrave.

Les deux Cornettes avec appointemens, que Sa Majeſté a conſervez en chacun des anciens eſcadrons des régimens de ſes troupes de Cavalerie françoiſe, & ceux établis dans les deux cens quatre-vingt-douze compagnies levées en conſéquence des ordonnances des 16. décembre 1742. & premier juillet 1743. feront payez ſur le pied de trente-ſept ſols ſix deniers chacun par jour.

Cornettes dans les régimens de Cavalerie françoiſe.

Les deux Cornettes avec appointemens, conſervez auſſi par eſcadron en chacune des cinq brigades du régiment Royal-des-Carabiniers, & dans les régimens Royal-Allemand & de Roſen, feront payez ſur le pied de quarante-cinq ſols chacun par jour, ainſi que les huit Cornettes établis dans les huit nouvelles compagnies deſdits régimens de Royal-Allemand & de Roſen.

Cornettes dans le régiment Royal-des-Carabiniers, & dans ceux de Royal-Allemand & Roſen.

Les Capitaines & Lieutenans réformez des régimens de Cavalerie françoiſe, qui ont eu des ordres pour ſervir à la ſuite des régimens auxquels leur réforme eſt attachée, feront payez de leurs appointemens par mois, en paſſant préſens aux revûes des Commiſſaires ordinaires des guerres, ſçavoir, chaque Capitaine ſur le pied de quatre-vingt-dix livres, & chaque Lieutenant ſur celui de quarante-une livres quinze ſols ; à l'exception de ceux dont les appointemens ſont réglez ſur un pied différent, par les ordres particuliers qui les attachent à la ſuite deſdits régimens.

Officiers réformez de Cavalerie françoiſe.

M

Les Capitaines & Lieutenans réformez, qui ont eu des ordres particuliers pour servir à la suite du régiment Royal des Carabiniers, seront payez de leurs appointemens en passant présens aux revûes des Commissaires ordinaires des guerres, sçavoir, chaque Capitaine, sur le pied de quatre-vingt-dix livres par mois, & chaque Lieutenant, sur celui de quarante-cinq livres aussi par mois.

Les Officiers réformez à la suite du régiment de Cavalerie irlandoise de Filtzjames, qui est sur le pied françois, seront payez de leurs appointemens en passant présens aux revûes des Commissaires ordinaires des guerres, à raison par mois de cent quatre-vingt-trois livres sept sols six deniers à chaque Mestre-de-camp, cent soixante-quinze livres à chaque Lieutenant-colonel, cent vingt livres à chaque Capitaine, & cinquante-huit livres sept sols six deniers à chaque Lieutenant; à l'exception de ceux auxquels il a été réglé d'autres traitemens par des ordres particuliers, sur lesquels ils seront payez.

Les Officiers réformez à la suite des régimens de Cavalerie Royal-allemand & Rosen, & de ceux de Hussards, seront payez de leurs appointemens en passant présens aux revûes des Commissaires ordinaires des guerres, sur le pied, sçavoir, chaque Mestre-de-camp & Lieutenant-colonel, de cent cinquante livres par mois; chaque Capitaine, de quatre-vingt-dix livres; & chaque Lieutenant, de quarante-une livres quinze sols aussi par mois: à l'exception de ceux auxquels il a été réglé d'autres traitemens par des ordres particuliers, sur lesquels ils seront payez.

Sa Majesté trouve bon de continuer aux Officiers du régiment de cavalerie de Pons, les pensions par forme de supplément d'appointemens, qu'Elle leur a accordées par son ordonnance du 15. octobre 1719. qui met le régiment à la paye françoise, jusqu'à ce qu'ils parviennent à d'autres grades, & sans tirer à conséquence pour ceux qui leur succéderont.

Chaque compagnie des régimens de Dragons, composée

de cinquante Dragons montez, fera payée fur le pied par jour de quatre livres dix fols au Capitaine, de quarante fols au Lieutenant, trente fols au Cornette, vingt fols au Maréchal-des-logis, fept fols fix deniers à chacun des trois Brigadiers, & fix fols fix deniers à chacun des quarante-fix Dragons & un Tambour. *Compagnies.*

Outre les Officiers ci-deffus il eft entretenu dans la compagnie générale qui eft dans le régiment du Colonel général des Dragons, un fecond Lieutenant, un Sous-lieutenant & un Cornette; & dans la compagnie Meftre-de-camp du régiment Meftre-de-camp général des Dragons, un fecond Lieutenant & un Cornette, qui feront payez fur le pied par jour de quarante fols à chacun des deux feconds Lieutenans, de trente-trois fols quatre deniers au Sous-lieutenant, & de trente fols à chacun des deux Cornettes: entendant Sa Majefté que les charges de fecond Lieutenant dans lefdites compagnies, ne foient point remplacées lorfqu'elles viendront à vaquer. *Seconds Lieutenans, Sous-lieutenans & Cornettes, dans les compagnies générale & Meftre-de-camp général des Dragons.*

L'Etat-major de chaque régiment de Dragons, fera payé fur le pied par jour de dix livres au Meftre-de-camp, outre fes appointemens de Capitaine, de quatre livres dix fols au Major, de cinquante fols à l'Aide-major, & de trente fols à l'Aumônier. *E'tat-major de Dragons.*

Les Capitaines & Lieutenans réformez defdits régimens de Dragons, qui ont eu des ordres pour fervir à la fuite des régimens auxquels leur réforme eft attachée, feront payez de leurs appointemens par mois, en paffant préfens aux revûes des Commiffaires ordinaires des guerres, fçavoir, chaque Capitaine fur le pied de cinquante livres, & chaque Lieutenant fur celui de trente-trois livres fix fols huit deniers; à l'exception de ceux dont les appointemens font réglez fur un pied différent, par les ordres particuliers qui les attachent à la fuite defdits régimens. *Officiers réformez de Dragons.*

Les Gardes-du-corps du Roi, réformez, que Sa Majefté a trouvé bon d'entretenir dans le nombre des Cavaliers & Dragons de fes troupes, en attendant leur remplacement, y recevront dix fols chacun par jour, au lieu de fept fols *Gardes-du-corps du Roy, réformez.*

ci-deſſus réglez pour leſdits Cavaliers, & de ſix ſols ſix deniers pour les Dragons.

COMPAGNIES FRANCHES de DRAGONS.

Chacune des compagnies franches de Dragons du Comte de Limoges, de Mandres, de Romberg, la Croix, Goderneaux, Jacob & Galhau, compoſée de cent cinquante Dragons montez, ſera payée ſur le pied par jour de ſix livres au Capitaine en pied, quarante-cinq ſols au Capitaine réformé, quarante ſols au premier Lieutenant, trente-trois ſols quatre deniers au ſecond Lieutenant, vingt-cinq ſols à chacun des cinq Lieutenans réformez, vingt ſols à chacun des trois Maréchaux-des-logis, ſept ſols ſix deniers à chacun des ſix Brigadiers, & ſix ſols ſix deniers à chacun des cent quarante-quatre Dragons, y compris trois Tambours.

Compagnie franche de Dragons, ci-devant de Bidache.

La compagnie franche, ci-devant de Bidache, de cent Dragons montez, levée par ordonnance du 26. décembre 1742. compoſée du Capitaine en pied, d'un Capitaine réformé, d'un premier Lieutenant, d'un ſecond Lieutenant, deux Lieutenans réformez, deux Maréchaux-des-logis, quatre Brigadiers, & de quatre-vingt-ſeize Dragons, compris deux Tambours, ſera payée ſur le pied par jour de cinq livres au Capitaine, quarante-cinq ſols au Capitaine réformé, quarante ſols au premier Lieutenant, trente-trois ſols quatre deniers au ſecond Lieutenant, vingt-cinq ſols à chacun des Lieutenans réformez, vingt ſols à chacun des deux Maréchaux-des-logis, ſept ſols ſix deniers à chacun des quatre Brigadiers, & ſix ſols ſix deniers à chacun des quatre-vingt-quatorze Dragons & aux deux Tambours.

Compagnie franche de Dragons de Sinceny.

La compagnie franche de Dragons de Sinceny, compoſée de quatre-vingt Dragons montez, ſera payée ſur le pied par jour de cinq livres au Capitaine, quarante-cinq ſols au Capitaine réformé, quarante ſols au premier Lieutenant, trente-trois ſols quatre deniers au ſecond Lieutenant, vingt-cinq ſols à chacun des deux Lieutenans réformez, vingt ſols à chacun des deux Maréchaux-des-logis, ſept ſols ſix deniers à chacun des quatre Brigadiers, & ſix ſols six deniers à chacun des soixante-seize Dragons, compris deux Tambours.

A l'égard des Officiers réformez qui sont entretenus à la suite desdites compagnies, ou qui pourront l'être à l'avenir, ils seront payez sur le pied par mois de soixante-sept livres dix sols à chaque Capitaine, & de trente-sept livres dix sols à chaque Lieutenant, en passant présens aux revûes des Commissaires ordinaires des guerres.

Officiers réformez des compagnies franches de Dragons.

Il sera donné, outre la solde ci-dessus, qui sera payée sans aucun retranchement, dix deniers par jour pour chaque Brigadier, Cavalier, Carabinier, Hussard, Dragon, Trompette, Timbalier & Tambour, dont le fonds restera entre les mains du Trésorier, pour composer une Masse toûjours complète, destinée à l'habillement desdites troupes; de laquelle le Trésorier donnera sa reconnoissance à la fin de chaque mois, à l'Officier chargé du détail desdits régimens, brigades ou compagnies franches de Dragons, pour être payée sur la main-levée du Directeur ou Inspecteur général dans le département duquel ils se trouveront, visée des Colonels généraux de la Cavalerie & des Dragons.

Masse de la Cavalerie, des Dragons & des compagnies franches de Dragons.

Comme Sa Majesté juge nécessaire qu'il reste toûjours à la fin du quartier d'hiver, quelqu'argent aux Cavaliers, Hussards & Dragons, pour leur donner moyen de subsister pendant la campagne, & qu'il est aussi à propos que les choses demeurent réglées entre les Capitaines & lesdits Cavaliers, Hussards & Dragons, de maniére qu'il n'y ait aucune difficulté sur le décompte à faire entr'eux; Sa Majesté ordonne que chaque Cavalier & Hussard touchera six sols par jour pour sa subsistance, & chaque Dragon cinq sols six deniers; que le Cavalier, Hussard & Dragon sera obligé d'entretenir son cheval de ferrage; & que moyennant les sept livres dix sols à quoi reviendra le surplus de la solde pendant les cinq mois du quartier d'hiver, lesquels lui seront payez par son Capitaine à la fin de chacun des mois de novembre, décembre, janvier,

PREST des Cavaliers, Hussards & Dragons.

N

février & mars, il s'entretiendra de linge, culotte, bas & souliers: Et à l'égard du Capitaine, Sa Majesté trouve bon qu'il touche ce qu'Elle a ordonné pour les places d'ustensile des Cavaliers, Hussards ou Dragons de sa compagnie, à la réserve de deux sols par jour par Cavalier, Carabinier, Hussard ou Dragon, qui resteront entre les mains du Trésorier général de l'extraordinaire des guerres, & qui seront par lui remis au Major du régiment, ou à l'Aide-major en son absence, dans les tems marquez ci-après; pour être lesdits deux sols, qui feront pour les cent cinquante jours du quartier d'hiver, la somme de cinq écus de soixante sols chacun, distribuez manuellement par ledit Major ou l'Aide-major, aux Cavaliers, Carabiniers, Hussards & Dragons; sçavoir, un écu de soixante sols aux dixième de chacun des mois de mai, juin, juillet, août & septembre; sans que ledit Major ou Aide-major en son absence, s'en puisse dispenser pour quelque raison que ce soit, à peine de privation de sa charge: ce que Sa Majesté veut que lesdits Cavaliers, Carabiniers, Hussards & Dragons, touchent outre la solde qui leur sera ordonnée pendant la campagne; de sorte que moyennant les six sols de solde par jour que le Cavalier & Hussard touchera, & les cinq sols six deniers qu'aura le Dragon pendant le quartier d'hiver, les sept livres dix sols qui seront payées à l'un & l'autre également, dans les cinq mois dudit quartier d'hiver, & les cinq écus qui leur seront distribuez par le Major au commencement & pendant la campagne, outre leur solde, ils soient obligez de s'entretenir, comme il est ci-dessus marqué, de linge, culotte, bas & souliers, d'entretenir leurs chevaux de ferrage, & d'entretenir aussi leurs armes, c'est-à-dire, de les tenir nettes, & de faire les menues réparations qui y seront nécessaires pour qu'elles soient toûjours en bon état : Sa Majesté entendant que quand les armes des Cavaliers, Hussards & Dragons deviendront dans un état à ne pouvoir plus servir, qu'il en faudra de neuves, ou qu'il sera nécessaire d'y faire des réparations confidérables, le Capitaine en faffe la dépenfe, à moins qu'il ne fût jugé par le Confeil de guerre du régiment, que le dommage arrivé à l'arme du Cavalier, Huffard & Dragon, fût par la faute du Cavalier, Huffard & Dragon.

Entend auffi Sa Majefté qu'au moyen de l'uftenfile, fur lequel il fera, comme il eft dit ci-deffus, retenu deux fols par jour par Cavalier, Carabinier, Huffard ou Dragon, le Capitaine fera obligé d'entretenir chaque Cavalier, Carabinier, Huffard ou Dragon de fa compagnie, de cheval, houffe, felle, harnois, bride, habillement, manteau, chapeau, bottes, armes, & généralement de toutes les chofes qui lui feront néceffaires, à la réferve du linge & des culottes, bas & fouliers.

Au moyen des payemens qui feront ainfi faits aux troupes d'Infanterie, de Cavalerie, de Carabiniers, de Huffards & de Dragons, les Officiers feront obligez de les mettre en état de fervir dans le commencement du mois d'avril prochain: & s'il arrive qu'une compagnie d'Infanterie qui doit être de quarante hommes fans les Officiers, fe trouve à la revûe qui en fera faite par les Commiffaires ordinaires des guerres dans les premiers jours dudit mois d'avril, avec les Directeurs ou Infpecteurs généraux de fes troupes où il s'en trouvera, au-deffous du nombre de trente-quatre hommes, il fera retenu cent cinquante livres fur l'uftenfile du Capitaine, dont il ne pourra avoir la main-levée qu'après la revûe qui fera faite des troupes au commencement de la campagne, & que fa compagnie y aura paffé à trente-huit, trente-neuf ou quarante hommes.

RETENUE SUR L'USTENSILE pour le non-complet des compagnies.
INFANTERIE.

Veut auffi Sa Majefté qu'au moyen defdits payemens, les Officiers de fes troupes, de Cavalerie, de Carabiniers, de Huffards & de Dragons, foient obligez de même, de les mettre en état de fervir dans le commencement du mois d'avril prochain; & que s'il arrive qu'une compagnie ne fe trouve pas complète, montée, armée & équipée comme il convient, à la revûe qui en fera faite dans les premiers jours dudit mois d'avril, par les Commiffaires

CAVALERIE, CARABINIERS, HUSSARDS & DRAGONS.

ordinaires des guerres, avec les Directeurs ou Inspecteurs généraux où il s'en trouvera, il soit retenu un mois d'ustensile, tant des places attribuées à la personne du Capitaine, que de celles des Cavaliers, Carabiniers, Hussards & Dragons, en ce non compris l'écu de campagne qui doit être toûjours distribué aux Cavaliers, Carabiniers, Hussards & Dragons, sans pouvoir être retenu sous quelque prétexte que ce soit; de laquelle retenue il ne pourra avoir la main-levée qu'après la revûe qui se fait ordinairement des troupes au commencement de la campagne, & que sa compagnie y aura passé complète d'hommes & de chevaux, & en état de bien servir.

Ordonne Sa Majesté aux Commissaires des guerres qui seront chargez de la police de ses troupes, qu'après qu'ils auront fait leurs revûes dans les premiers jours d'avril, avec les Directeurs ou Inspecteurs généraux où il s'en trouvera, ils ayent à informer aussi-tôt les Intendans dans les départemens desquels ils seront, des compagnies qui, à cette revûe, ne se trouveront pas complètes & en bon état, afin qu'ils fassent faire les retenues sur l'ustensile, ainsi qu'il est expliqué dans les deux articles précédens, aux Capitaines d'Infanterie, de Cavalerie, de Carabiniers, de Hussards & de Dragons : Entend aussi Sa Majesté, que lesdits Commissaires des guerres, Directeurs & Inspecteurs généraux où il s'en trouvera, déclarent en même tems de sa part aux Capitaines, que ceux qui, à la revûe qui se fera des troupes au commencement de la campagne, n'auront pas leur compagnie complète & de tout point en état de servir, telle raison qu'ils puissent avoir, seront cassez, & mis en prison jusqu'à ce qu'ils ayent restitué tout ce qu'ils auront reçu d'ustensile pendant l'hiver, sans avoir égard aux dépenses qu'ils auront faites à leur compagnie : déclarant Sa Majesté aux Colonels, Mestres-de-camp & Lieutenans-colonels des régimens dans lesquels il se trouvera de mauvaises compagnies, qu'elle les en rendra responsables en leur nom, comme ayant négligé de prendre le soin qu'ils doivent

doivent avoir que les Capitaines travaillent utilement à leur rétabliffement.

V I I I.

LES Colonels, & Lieutenans-colonels réformez d'Infanterie françoife, qui par l'ancienneté de leurs fervices doivent avoir des appointemens, continueront d'en être payez dans les provinces, fur les états & ordres qui feront expédiez à cet effet, fur le pied de neuf cens livres par an à chaque Colonel, & de fept cens livres à chaque Lieutenant-colonel.

Les Meftres-de-camp & Lieutenans-colonels réformez de Cavalerie, retirez dans les provinces, auxquels Sa Majefté a accordé des appointemens, continueront d'en être payez fur les états & ordres qui feront expédiez à cet effet.

Les Meftres-de-camp & Lieutenans-colonels réformez de Dragons, qui doivent avoir auffi des appointemens par l'ancienneté de leurs fervices, feront payez dans leur province, fuivant les états & ordres qui feront envoyez, fur le pied de deux mille livres par an à chaque Meftre-de-camp qui a eu un régiment, mille livres à chacun des autres, & fix cens livres à chaque Lieutenant-colonel.

Les Officiers réformez, tant d'Infanterie que de Cavalerie & de Dragons, entretenus dans les places en qualité de Partifans, feront payez en paffant préfens aux revûes, des appointemens qui leur ont été réglez, fuivant les états & ordres fignez du Sécrétaire d'état ayant le département de la guerre.

Les Capitaines & Lieutenans réformez d'Infanterie, de Cavalerie & de Dragons, ci-devant attachez à la fuite des régimens, ou entretenus à la réfidence des places, qui ont été renvoyez dans leur province, continueront d'y être payez de leurs appointemens, fur les états qui feront envoyez tous les fix mois aux Intendans defdites provinces, ainfi qu'il s'eft pratiqué par le paffé.

I X.

DÉFEND Sa Majefté aux Officiers, Gardes-du-corps,

O

Gendarmes, Chevaux-légers, Mousquetaires, Cavaliers, Carabiniers, Hussards, Dragons & Soldats, de prendre aucun sel dans les pays étrangers, ou dans ceux de l'obéissance de Sa Majesté où la gabelle n'est point établie, ni de se charger d'aucun tabac ou autres marchandises prohibées, pour transporter, vendre ou débiter, en telle manière que ce puisse être, & à quelque personne que ce soit, dans les provinces du royaume ; à peine aux Chefs & Commandans, de répondre sur les payes à eux ordonnées, & sur leurs biens, des dommages qui seroient faits aux fermes générales par ceux étant sous leur charge ; & aux Gardes, Gendarmes, Cavaliers, Carabiniers, Hussards, Dragons & Soldats, d'être punis suivant la rigueur des ordonnances contre les faux-sauniers. Défend aussi Sa Majesté à tous ses Sujets, de quelque qualité & condition qu'ils soient, de commettre le faux-saunage, ni d'assister & favoriser en quelque sorte que ce soit, les gens de guerre qui le commettront, aussi sur les peines des ordonnances.

Défend encore Sa Majesté auxdits gens de guerre, d'aller, ni d'envoyer couper, abbattre, ni prendre aucun bois dans les forêts & buissons, à qui que ce soit qu'ils appartiennent ; d'y chasser à la campagne, en quelque lieu que ce puisse être ; de tirer avec fusils ni autres armes à feu, sur les pigeons & sur le gibier, ni pêcher dans les étangs, à peine de punition corporelle : Voulant que les coupables des crimes ci-dessus soient punis par les Prévôts des Maréchaux, & à leur défaut par les juges ordinaires des lieux, selon la rigueur des ordonnances ; sans que les gens de guerre puissent auxdits crimes alléguer aucune exception ni privilége, ni les juges y avoir égard.

MANDE & ordonne Sa Majesté aux Gouverneurs & Lieutenans généraux dans ses provinces & armées, aux Gouverneurs de ses villes & places, à ceux qui y commandent, aux Commandans & Intendans de ses armées, aux Intendans dans les provinces & fur les frontiéres, aux Directeurs & Infpecteurs généraux de fes troupes, aux Commiffaires des guerres ordonnez à leur police, & à tous autres fes Officiers qu'il appartiendra, de tenir la main à l'exécution de la préfente. FAIT à Fontainebleau, le premier novembre mil fept cens quarante-trois. *Signé* LOUIS. *Et plus bas,* M. P. DE VOYER D'ARGENSON.

A PARIS,

DE L'IMPRIMERIE ROYALE.

M. DCCXLIII.

www.ingramcontent.com/pod-product-compliance
Ingram Content Group UK Ltd.
Pitfield, Milton Keynes, MK11 3LW, UK
UKHW022134170726
13837UKWH00004B/1563